"ධම්මෝ හි වාසෙට්ඨා, සෙට්ඨෝ ජනේතස්මිං
දිට්ඨේ චේව ධම්මේ, අභිසම්පරායේ ච."

වාසෙට්ඨයෙනි, මෙලොවෙහි ත්, පරලොවෙහි ත්
ජනයා අතර ධර්මය ම ශ්‍රේෂ්ඨ වෙයි !

- අග්ගඤ්ඤ සූත්‍රය - භාග්‍යවත් බුදුරජාණන් වහන්සේ

අපේ ආච්චිගේ ලස්සන බණ කතා - 01

පූජ්‍ය කිරිබත්ගොඩ ඤාණානන්ද ස්වාමීන් වහන්සේ

© සියලුම හිමිකම් ඇවිරිණි.

ISBN : 978-955-687-174-6

ප්‍රථම මුද්‍රණය : ශ්‍රී බු.ව. 2562 ක් වූ ඉල් මස පුන් පොහෝ දින

සම්පාදනය : මහමෙව්නාව භාවනා අසපුව
වඩුවාව, යටිගල්ඔළුව, පොල්ගහවෙල.
දුර : 037 2244602
info@mahamevnawa.lk | www.mahamevnawa.lk

පරිගණක අකුරු සැකසුම, පිටකවර නිර්මාණය සහ ප්‍රකාශනය :
මහාමේඝ ප්‍රකාශකයෝ
වඩුවාව, යටිගල්ඔළුව, පොල්ගහවෙල.
දුර : 037 2053300, 076 8255703
mahameghapublishers@gmail.com

මුද්‍රණය : තරංජි ප්‍රින්ට්ස්,
506, හයිලෙවල් පාර, නාවින්න, මහරගම.
ටෙලි: 011-2801308 / 011-5555265

අපේ ආච්චිගේ ලස්සන බණ කතා

01

පූජ්‍ය කිරිබත්ගොඩ ඤාණානන්ද ස්වාමීන් වහන්සේ

මහාමේඝ
MAHAMEGHA

ප්‍රකාශනයකි

පෙරවදන

"අපේ ආච්චිගේ ලස්සන බණ කතා" නමින් ඔබ අතට මේ පත්වන්නේ මහාමේඝ පුවත්පතට මවිසින් ලියන ලද කතා එකතුවකි.

තෙරුවන් සරණෙහි මනාව පිහිටීමෙහි ආනිශංස, නුවණින් පින් රැස්කිරීමේ ආනුභාවය, ලංකා ඉතිහාසය, අසත්පුරුෂ ඇසුරක ඇති භයානකකම, සත්පුරුෂ ආශ්‍රයෙහි ඇති උතුම් ලාභය, කල්ප විස්තර ආදී ඉතා වැදගත් තොරතුරු ඇතුලත් දහම් කරුණු රැසක් මෙහි ඇත්තේය.

මේ කතා ලිවීම සඳහා මවිසින් පාදක කොට ගත්තේ සද්ධර්මාලංකාරය නමැති පැරණි බණ පොත ය. මේ අනගි කතාවන් නිතර කියවමින් තමන්ගේ දහම් දැනුම දියුණු කරගෙන ජීවිතය සාර්ථක කරගැනීමට උත්සාහවත් වෙන්න.

හැම දෙනාටම තෙරුවන් සරණයි!

මෙයට,
ගෞතම බුදු සසුන තුළ මෙත් සිතින්,
පූජ්‍ය කිරිබත්ගොඩ ඤාණානන්ද ස්වාමීන් වහන්සේ
ශ්‍රී බුද්ධ වර්ෂ 2562 ක් වූ ඉල් මස 01 දා

මහමෙව්නාව භාවනා අසපුව
වඩුවාව, යටිගල්ඔළුව,
පොල්ගහවෙල.

01

එදා අමාවක් පොහෝ දවසයි. අපේ ආච්චි නම් සතර පෝයට ම සිල් සමාදන් වෙනවා නොවැ. එදාත් අපේ අම්මා රසට දානෙ හදලා ආච්චිට ආදරයෙන් උපස්ථාන කළා. අපි කොහොමත් හැමදෑම ආච්චිත් එක්කයි රෑට තෙරුවන් වඳින්නේ. බත් කන්නේ ඊට පස්සේ. එදා අපි රෑ කෑමත් කාලා ආච්චිට ගිලන්පසත් පූජා කරගත්තා.

"අනේ ආච්චියේ.... ඔයා අද අපට කතාවක් කියාදෙන්නේ නැද්ද?"

"ඇයි මයෙ පුතාලා..... අදත් ඔයාලා කතාවක් අහන්න ආසයි ද?"

"ඔව්.... ඔව්.... අපේ අම්මා.... මේ දරුවන්ට අපේ රජදරුවන් ගැන කතාවක් අහන්ට ඇත්නම් මොනතරම් දෙයක් ද" කියලා අපේ අම්මත් අද අහන කතාව ගැන මොකක්දෝ ඉඟියක් කළා.

අපේ ආච්චි හිනැහෙද්දි හරී ලස්සනයි. සිරියාවේ බබළනවා. එදා අපේ ආච්චි කතාව පටන් ගත්තේ මෙහෙමයි.

"මයෙ දරුවනේ.... ඔයාලා අහලා තියෙනවා නොවැ අපේ සිංහල රාජ වංශය බබුළුවාපු මහෝත්තමයා ගැන.

ඒ කිව්වේ අපේ දුටුගැමුණු මහ රජ්ජුරුවන් වහන්සේ ගැන. හප්පා.... උන්නාන්සේ වගේ බුද්ධ ශාසනයටත් මේ මාතෘ භූමියටත් ආදරය කොරාපු වෙන රජ්ජුරු කෙනෙක් නැති ගානයි.

ඒ කාලේ දකුණු ඉන්දියාවෙන් මහා දෙමළ සේනාවක් අරගෙන එළාර කියලා සොළී රජෙක් අනුරාධපුරේට කඩා පැන්නා. ඒ කිව්වේ ආක්‍රමණය කළා. ඊට පස්සේ අනුරාධපුරේ රජකම් කොරාපු අපේ රජ දරුවන්ව රුහුණට එලෙව්වා. ඔය කාලේ රුහුණ කියා කීවේ වර්තමානයේ මඩකලපුව, අම්පාර ආදී ප්‍රදේශවලට යි. ඒ සොළී රජ්ජුරුවන්ගේ පිරිස තුනුරුවන්ට ගෞරව කළේ නෑ. දෙව්ලොවක් වගේ තිබුණු අනුරාධපුරේ හැම තැන ම අපිරිසිදු කළා. කැළිකසළ දැම්මා. ආර්ය චාරිත්‍ර නැති කළා. අපිට අපේ රට වුනාට උන්දැලාට අනුන්නේ රටක් නොවැ. අපේ දුටුගැමුණු කුමාරයා ඒ ගැන බොහොම දුකින් හිටියේ.

ඉතින් මයෙ දරුවනේ.... දැන් අපි දුටු ගැමුණු කියලා කිව්වට පිය රජ්ජුරුවෝ උන්නාන්සෙට නම දැම්මේ ගැමුණු කුමාරයා කියලයි. තමන්ට අයිති සිංහාසනය ආයෙත් ලබාගන්ට අනුරාධපුරේ සටනට යං යං කියලා ගැමුණු කුමාරයා කිව්වා. නමුත් කාවන්තිස්ස රජ්ජුරුවෝ දන්නවා වැඩේ ලේසි නැති බව. ඒ නිසා එපාම කිව්වා. බැරිම තැන ගැමුණු කුමාරයා පිය රජ්ජුරුවන්ට කාන්තාවන් පළඳින ආභරණ එව්වා. එතකොට පිය රජ්ජුරුවන්ට කේන්ති ගියා. "කෝ.... ඔය.... දුෂ්ට ගාමිණියා අල්ලාපියව්..." කියලා සේනාවට අණ කළා. එතකොට ගැමුණු කුමාරයා වෙස් වළාගෙන කඳුරටට පැනලා ගියා. තමුන්නේ පිය රජ්ජුරුවෝ දුට්ඨ ගාමිණී කියා පැවසූ

නමක් නිසයි දුටු ගැමුණු කියලා යෙදුනේ. එහෙම නැතුව යුද්ධ කොළාට නෙවෙයි.

ඉතින් දරුවනේ, ඒ වෙද්දි එළාරයා හරී බලවත් රජෙක්. ඒ රජුට යුවරජවරු තිස් දෙදෙනෙක් උන්නා. සේනාවත් එක්ක ඉන්දියාවෙන් ආපු මුළු සෙනඟ දස ලක්ෂ විසිහතරදාහක් උන්නා. ස්වල්ප පිරිසක් යැ.

කොහොම නමුත් දුටුගැමුණු කුමාරයා යුද්දෙ පටන් ගත්තා. එතකොට කාවන්තිස්ස රජ්ජුරුවෝ අභාවයට පත්වෙලා හිටියේ. හැබැයි විහාරමහාදේවිය පුත් කුමරා සන්තක රාජධානිය නැවත ලබාගන්නවාට කැමති වුනා. ඉතින් යුද්දෙ දිගටම ගියා.

දවසක් දරුවනේ, විජිතපුර සටන උන්දැලා පැරදිච්ච දා දීඝජන්තු කියන එළාර රජුගේ යෝධයා එළාර රජ්ජුරුවන්ට මෙහෙම කිව්වා.

"ශ්‍රී ලංකේශ්වර එළාර මහ රජ්ජුරුවනි.... රුහුණේ කාවන්තිස්ස රජුගේ පුත්‍රයා වන දුටුගැමුණු කුමාරයා තමයි දැන් රුහුණේ රජා. ඔහු තමන් සන්තක රාජධානිය ඉල්ලාගෙන සටන් මාලාවක් කරගෙන යනවා. අද විජිතපුරෙත් අපි පැරදුනා. දැන් එකම විසඳුමයි තියෙන්නේ. ඔබවහන්සේගේ බෑණන්ඩිය වන භල්ලුක සේනාපතිතුමාව තව මහා දෙමළ හමුදාවක් එක්ක වහාම එන්ඩ කියලා ඉක්මණින් පයිංඩයක් යවන්ඩ."

ඉතින් දරුවනේ, හැටදහසක දෙමළ මහා යෝධයන් පිරිවරාගෙන භල්ලුකයාත් මාතොටට ආවා නොවැ. ඒ වෙද්දි අපේ දුටුගැමුණු රජ්ජුරුවන්ගේ අතින් එළාර රජු පැරදිලා මරණයට පත්වුනා. දුටුගැමුණු රජ්ජුරුවන්ට

තවම සැනසිල්ලක් නෑ. යුද්ධයේ ඉවරෙකුත් නෑ. ඕන්න..... තවත් සේනාවක් ඇවිදින්. ඒ සේනාව ඇවිත් කොළඹහාලක නම් තැන මහා කඳවුරක් පිහිටුවා ගත්තා නොවැ. ඉතින් ආයෙමත් යුද්ධයක්!

අපේ දුටුගැමුණු මහ රජ්ජුරුවෝ කඩොල් ඇතා පිට නැගලා වැඩ උන්නා. ඒ හස්තිරාජයාගේ පිටේ ම ඵුස්සදේව යෝධයත් පංචායුධයෙන් සන්නද්ධව පිටුපසින් වාඩිවෙලා උන්නා. දෙපැත්තෙන් ම සේනාව යුද්ධ භූමියට ළං වුනා. හල්ලුකයා හැටදහසක දෙමළ යෝධයන් එක්ක එක පැත්තක ඉන්නවා. අනිත් පැත්තේ අපේ මහ රජ්ජුරුවෝ ඉන්නවා.

ඉතින් දරුවනේ, එතන හරි වැඩක් වුනා නොවැ.... එක පාර... ට.... ම අපේ කඩොල් ඇතා පස්සෙන් පස්සට යන්න පටන් ගත්තා නොවැ. එතකොට දුටුගැමුණු මහ රජ්ජුරුවෝ ඵුස්සදේව යෝධයාට මෙහෙම කිව්වා.

"ඵුස්සදේව.... මගේ මේ ඇත්රජා මහා සටන් විසි අටක් කරලාත් ඒ එකකදීවත් මෙහෙම පසුබැස්සේ නෑ. දැන් මොකෝ මේ! මේ පරදේසක්කාර හල්ලුකයාගේ සටනින් අපට මක් වේවිද?"

"දේවයන් වහන්ස.... අපට ම යි ජය.... අපට ම යි ජය.... මේ හොයන්නේ ජය භූමියක්. අපේ ඇත්රජා ජයභූමි ගැන හොඳට දන්නවා නොවැ"

ඉතින් දරුවනේ, එතකොට ඒ ඇත්රජා අපේ මිහිඳු මහරහතන් වහන්සේ පිහිටුවා වදාළ මහා විහාර සීමාව අයිනේ ම පුරදේවයාගේ කෝවිල ළඟට ම පසුබැස්සා. එතන සිටගත්තා. එතකොට පරදේසක්කාර හල්ලුකයා

මෙහෙම කල්පනා කළා. 'හහ්... මේ රජා එනවාද පරම්පරා භුක්තිය ඉල්ලාගන්ඩ. ඒව කොහෙද....? මාගේ මාමණ්ඩිය වන එළාරයන් මැරූ මේකාගේ කටට ම යි මං මේ හීය විදින්නේ' කියලා ඒ තලයක් ඉලක්ක කරගෙන අපේ මහ රජ්ජුරුවන්ට කෑගහලා මෙහෙම කිව්වා.

"එම්බල මහරජ.... ඔය මොකෝ...."

එතකොට දරුවනේ, අපේ දුටුගැමුණු රාජෝත්තමයා කඩු තලයෙන් තමුන්නේ කට වසාගෙන 'ඇයි.... නිවට දෙමළෝ' කියලා කෑ ගහලා ඇහුවා. එතකොට ම හල්ලුකයා අපේ මහ රජ්ජුරුවන්ගේ මුඛයට වේගවත් හීයක් විද්දා....! ඒ සැණින් ම අපේ මහ රජ්ජුරුවෝ කඩු තලයෙන් කට වසාගත්තා. හීය වේගෙන් ඇවිත් කඩු තලයේ වැදුනා. බිමට වැටුනා. එතකොට ම අපේ රජ්ජුරුවෝ කඩු තලය මෑත් කරලා කටේ පුරවාගෙන හිටිය රතුපාට බුලත්විට කටෙන් පහළට වැක්කෙරෙන්න හැරියා. ඒක දැකපු හල්ලුකයා මහ හඬින් හිනැහෙන්න පටන් ගත්තා. අප්පුඩි ගහන්න පටන් ගත්තා "හහ්... හහ්... හා... ඕන්න බලාපල්ලා.... මං.... ගාමිණියාගේ කටට ම විද්දා" කියලා.

එතකොට දරුවනේ, අපේ මහ රජ්ජුරුවන් පිටුපසින් උන්න ඵුස්සදේව යෝධයා බිහිසුණු හී සැරයක් හල්ලුකයාගේ කටට විද්දා. ඒ අවස්ථාව කොයිතරම් වේගවත් ද කියන්නේ දරුවනේ, ඒ හී තලය ගියේ රජ්ජුරුවන්ගේ කනේ පැළඳි කුණ්ඩලාභරණයේ වැදීගෙනයි. එතකොට ම ඇතා පිටේ හිටිය හල්ලුකයාගේ දෙපා තිබුණේ රජ්ජුරුවන් දෙසට දික් කරගෙනයි. ඒත් එක්ක ම තවත් හීයක් දණහිසට විද්දා. එතකොට

හල්ලුකයා දණත් නැමීගෙන රජ්ජුරුවන් දෙසට හිස පාත් කොරගෙන මැරී වැටුනා.

ඉතින් මයෙ දරුවනේ, ඒ අවසන් යුද්ධයෙනුත් ජය අයිති වුනේ අපටයි. දුටුගැමුණු මහ රජ්ජුරුවන්ගේ සේනාව ජයඝෝෂා නංවමින් අපේ ශුද්ධ නගරයට ආවා. එදා ඵුස්සදේව යෝධයා තමුන්නේ කන කඩුවෙන් කපාගෙන ලේ පතක් අතට ඇන්න මහ රජ්ජුරුවන් ඉස්සරහට ආවා.

"මොකක්ද ඵුස්සදේව ඔය කරගත්තේ...!"

"දේවයන් වහන්ස, මං හදිස්සියට හල්ලුකයාගේ කටට හීය විදිද්දි ඔබවහන්සේගේ කුණ්ඩලාභරණයේ ඒ හීය වැදුනා. ඒකට දඬුවමක් හැටියටයි මං මෙය කරගත්තේ."

"නෑ ඵුස්සදේව.... මාගේ සතුරු බලය නසන්නටයි ඔබ එය කළේ. කෝ..... ඔබ ඒ විදපු හී දඬු දෙක මෙහි ගේන්න" කියලා ඒ ඊ දඬු දෙක ගෙන්වාගෙන රවුමට පටලෝලා කෙලින් කරලා හිටෙව්වා. හිටෝලා ඒ ප්‍රමාණෙට මසුරන් ගොඩ ගහලා ඵුස්සදේව යෝධයාට තෑගි දුන්නා.

ඉතින් මයෙ දරුවනේ, ඕනෙම යුද්ධයකදී ජීවිත හානි වෙනවා නොවැ. ජීවිත හානි නැති යුද්ධය කියන්නේ කෙලෙස් යුද්ධයටයි. ඉතින් මේ යුද්ධයේදිත් ජීවිත හානි වුනා. මයෙ දරුවනේ, අපේ දුටුගැමුණු රජ්ජුරුවෝ අසංඛෙය්‍ය කල්පයක් පෙරුම් පිරූ මහෝත්තමයෙක්. උන්නාන්සේ කුරා කුඹියෙකුටවත් හිංසා කරන්න කැමති නෑ. එබඳු උත්තමයාට පවා සංසාරේ සැරිසරන්ට වූ නිසා

යුද්ධ කරන්ට සිද්ධ වුනා. තමන් අතින් යුද්ධයක් කරන්ට සිදුවීම ගැන අපේ රජ්ජුරුවෝ මහත්සේ කම්පා වුනා. හිතේ වේදනාවෙන් උන්නා. එතකොට පුවඟු දිවයිනේ වැඩඋන්න රහතන් වහන්සේ නමක් අහසින් වැඩම කොරලා බණ කියලා රජ්ජුරුවන්ගේ ශෝකය දුරුකළා.

ඊට පස්සේ දරුවනේ, රජ්ජුරුවෝ මෙහෙම කල්පනා කළා.

'අපේ පියරජතුමා දවසක් මටත් තිස්ස කුමාර මලණුවන්ටත් කිරිබත් අනුභව කරවලා පොරොන්දු ගත්තා. එදා අපි සංඝයාට දානයක් නොදී බත් අනුභව කරන්නේ නෑ කියලා පොරොන්දු වුනා. නමුත් මා අතින් මේ යුද්ධ කරන්ට සිදුවුනු කාලේ ඒ පොරොන්දුව ඉෂ්ඨ වුනාද කියලා දිගින් දිගට ආපස්සට කල්පනා කළා.... එතකොට එක දවසක් සංඝයාට පූජා නොකොට ලුණු මිරිසක් අනුභව කළ අවස්ථාවක් මතක් වුනා..... ඉතින් දරුවනේ, එයට දඬුවමක් වශයෙන් සර්වඥ ධාතු වැඩහිටිය රජ්ජුරුවන්නේ ජය කොන්තය පිහිටුවලා මිරිසවැටිය මහසෑය කෙරෙව්වා. ලක්ෂයක් භික්ෂූන්ටත් අනූදහසක් භික්ෂුණීන්ටත් සතියක් මහදන් දුන්නා.

ඊට පස්සේ දරුවනේ, දහසක් මුදුන් වහළ ඇති, දහසක් ආවාස ඇති මහල් නවයක් උස දෙව්විමනක් වගේ බබළන ලෝවාමහාප්‍රාසාදය කරවලා කලින් වගේම මහදන් දුන්නා. අනුරාධපුරේ විතරක් තුන්සිය හැටක් විහාර කෙරෙව්වා. රුවන්වැලි මහාසෑය කෙරෙව්වා. අවුරුදු පතා වෙසක් මහෝත්සව විසි හතරක් කෙරෙව්වා. මේ ලංකාද්වීපය පස් වතාවක් ගෞතම බුදු සසුනට පූජා කළා. ලක්වැසි සියලු භික්ෂු භික්ෂුණීන්ට තුන් වතාවක්

අට පිරිකර පූජා කළා. දිනපතා දොළොස් දහසක් පහන් දැල්වුවා. ලක්දිව පුරා ප්‍රධාන ආරෝග්‍ය ශාලා දහ අටක් කෙරෙව්වා. මී පිඬුයි කිරිබතුයි නිතිපතා දෙන මහා දන්සැල් හතළිස් හතරක් කෙරෙව්වා. හැම නගරෙක ම අධිකරණ ශාලා පිහිටෙව්වා. සතර පොහොයට ලංකාවේ සියලු වෙහෙර විහාරවලට මහා පහන් පූජා කෙරෙව්වා.

ගැබිණි මව්වරුන්ටත් දරුවන් වැදූ මව්වරුන්ටත් නොමිලේ ප්‍රණීත ආහාරපාන දුන්නා. වස්ත්‍ර දුන්නා. දහවල් වැඩකොට රෑ කුසගින්නේ සිටින සියලු ගවයන් සොයලා මීපැණි තැවරූ පිඳුරු දුන්නා. ලක්දිව පුරා විහාරස්ථාන වල බණමඩු කෙරෙව්වා. ධර්මාසන කෙරෙව්වා. ධර්මකථිකයන්ට විශේෂ ධර්මපූජා කෙරෙව්වා. ඔය විදිහට මයෙ දරුවනේ, විසිහතර අවුරුද්දක් ලංකා රාජ්‍යය කරවලා බුද්ධ ශාසනය බබුළුවලා ජනතාව සුඛිත මුදිත කෙරෙව්වා.

මයෙ දරුවනේ, කාටත් වෙනවා වගේ අපේ දුටුගැමුණු මහ රජ්ජුරුවන්ටත් අවසන් අවස්ථාව පැමිණුනා. භික්ෂූන් වහන්සේලා වැඩම කරලා පිරිත් කිව්වා.... දරුවනේ.... පිනක මහිමය නම් මහා අසිරියක්..... රජ්ජුරුවන්ට අහස බැලුනා. ලස්සනට සරසාපු අලංකාර දිව්‍ය රථ හයක් අහසේ පේනවා. ඒ දිව්‍යරථවල ඉන්න දෙවිවරු අපේ රජ්ජුරුවන්ට ඒ ඒ දිව්‍ය ලෝකවලට එන්න කියලා අඬ ගහනවා. එතකොට රජ්ජුරුවෝ ඔහොම ටිකක් ඉන්න කියලා දකුණු අත ඔසොවලා දෙවියන්ට සංඥා කළා. ස්වාමීන් වහන්සේලා හිතුවේ පිරිත නවත්වන්ට කිව්වා කියලා කියලයි. මහජනයා හිතුවේ මරණ භයෙන් පීඩිත රජ්ජුරුවෝ විකාර කරනවා කියලයි. නමුත් දරුවනේ, එතන වැඩහුන් ථේරපුත්තාභය

මහරහතන් වහන්සේ හැමෝගෙම සැක දුරුකරවන අදහසින් මෙහෙම ඇහුවා.

"මහ රජ්ජුරුවනේ.... දිව්‍ය ලෝක සයෙන් ම දිව්‍යරථ ඇවිල්ලා නේද?"

"එහෙමයි ස්වාමීනී.... දිව්‍ය රථ සයක් ඇවිදින් මට එන්න එන්න කියලා කතා කරනවා"

"මහ රජ්ජුරුවනේ.... මල්මාලා සයක් උඩට දැම්මොත් හැමෝටම අහසේ රැඳුන මල්මාලා දකින්ට ලැබේවි නේද?"

එතකොට දරුවනේ, දුටුගැමුණු රජ්ජුරුවෝ මල්මාලා අහසට දැම්මා. ඒවා අහසේ එල්ලුනා. හැමෝම පුදුම වුනා. සැක සංකා දුරුවුනා. ථේරපුත්තාභය මහරහතන් වහන්සේගෙන් රජ්ජුරුවෝ මෙහෙම ඇහුවා. "ස්වාමීනී, කොයි දිව්‍ය ලෝකයද හොඳ...?"

"මහ රජ්ජුරුවෙනි.... මහමෙත් බෝසතාණන් වහන්සේ වැඩ ඉන්නෙත් තොප පියාණන් වූ කාවන්තිස් නිරිඳුත් විහාරමහාදේවී මෑණියනුත් ඉන්නේ තුසිතයේ නොවැ. තුසිතේ තමයි හොඳ. එනිසා තුසිතයේ ම සිත පිහිටුවා ගන්න."

එතකොට දරුවනේ, දුටුගැමුණු මහ රජ්ජුරුවෝ රුවන්මැලි මහසෑය දෙස බලාගෙන ද්‍රෝණයක් ධාතූන් වහන්සේලා සිහිකොට භාග්‍යවතුන් වහන්සේගේ ගුණ මෙනෙහි කරමින් ඒ හාන්සි වූ ඉරියව්වෙන් ම වන්දනා කරගෙන හිටියා. ටිකෙන් ටික දෑස් පියවුනා. මියගියා. නිදා පිබිදියා වගේ තුසිතභවනයෙන් ආ දිව්‍යරථයෙහි ඕපපාතිකව උපන්නා. මහා අලංකාර දිව්‍යරාජයෙක්. ගැල්

හැටක් පුරවන්න පුළුවන් තරමේ ආභරණ පැළඳ සිටියා. මහජනයා සාදුකාර දුන්නා. ඒ හැමෝටම පේනවා. එතකොට ඒ දේවතාවා හැමෝටම පෙනෙන්ට මහාසෑය තුන් විටක් පැදකුණු කළා. ස්වාමීන් වහන්සේලාට වන්දනා කළා. තම මල්ලී වන තිස්ස කුමාරයාත් මහජනයාත් වන්දනා කරගෙන සතුටු කඳුළු වගුරුවමින් බලා සිටිද්දී අපේ දුටුගැමුණු දිව්‍ය පුත්‍රයාව දිව්‍ය සේනාව පිරිවරාගත්තා. එතැන ම නොපෙනී ගියා. පින්වත් දරුවනේ.... අපේ රජ පරපුරේ මහානුභාවය හරි අසිරිමත් නේද?

02

එදා අපි බෝධි වන්දනාවකට ගියා. අපේ ආච්චි නම් හරිම ලස්සනට බෝධි වන්දනා කවි කියන්න දන්නවා. ඒවායේ තේරුමත් හරිම ලස්සනයි. ඉතින් අපි කවුරුත් බෝ සෙවනේ වාඩි වෙලා ලස්සනට වන්දනා කළා. පිරිත් කිව්වා. දෙවියන්ටත් පින් අනුමෝදන් කළා.

"ඇයි ආච්චි.... මේ බෝධීන් වහන්සේගේ අතුවල කපුටන්ගේ රූප, නයින්ගේ රූප ඇඳපු කොඩි එල්ලලා තියෙන්නේ...? ආච්චි අර.... අර බලන්න.... අසවලාගේ අපල දුරු වේවා කියලා කොඩි එල්ලලා තියෙන්නේ ඇයි ආච්චි...?"

"අනේ පව් මයෙ පුතේ.... ඒ මිනිස්සුන්ට භාග්‍යවතුන් වහන්සේව අවබෝධයෙන් ම සරණ යන්ට පින මදි. තමන්ගේ ඕනෑඑපාකම් මිත්‍යා දෘෂ්ටියට ගලපලා කොඩිවල ලියලා අපේ භාග්‍යවතුන් වහන්සේගේ බෝධියේ එල්ලලා තව පව් වැඩිකර ගන්නවා" කියලා ආච්චි හරි අනුකම්පාවෙන් හිනාවුනා.

"ඒ කියන්නේ ආච්චි එතකොට බෝධීන් වහන්සේත් එක්ක අපල දෙන ග්‍රහයන්ගේ කිසිම සම්බන්ධයක් නැද්ද?"

"නෑ මයෙ පුතේ.... කිසිම සම්බන්ධයක් නෑ. එබඳු මිසදිටුවක් බෝධියට ගාවගන්නවත් හොඳ නෑ. බෝධිය

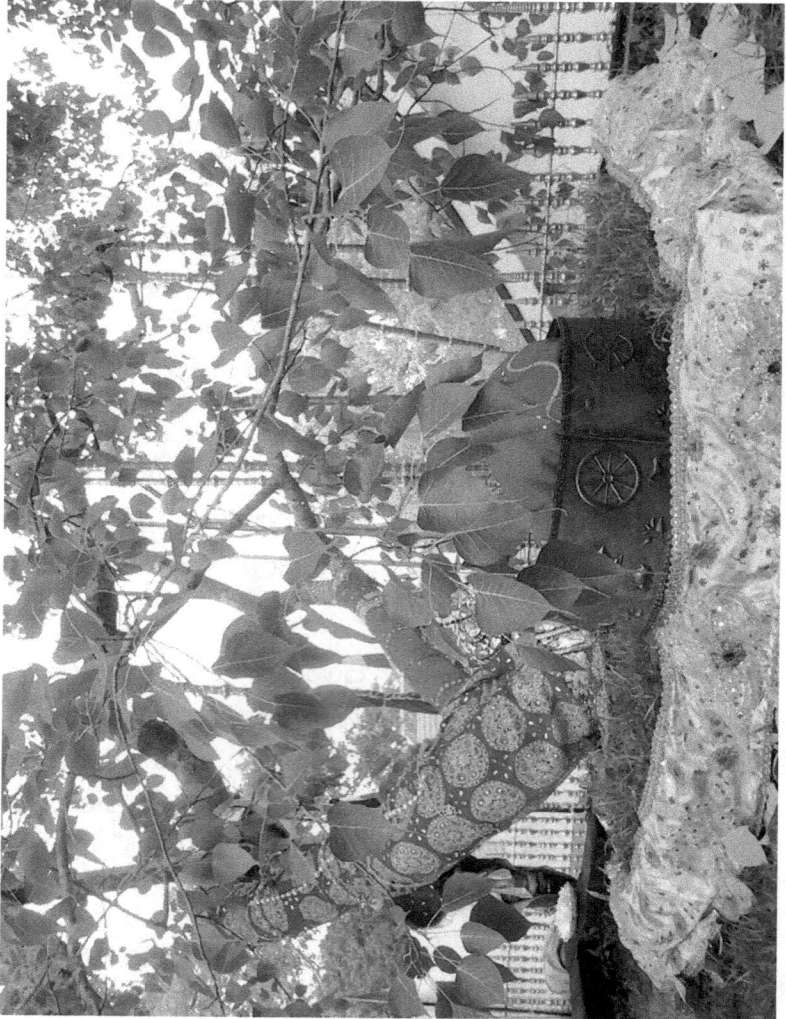

කියන්නේ අපේ බුදුරජාණන් වහන්සේ තුළ තිබුණු චතුරාර්ය සත්‍යාවබෝධ ඥාණයටයි. මේ රුක් සෙවණේදි අපේ බුදුරජාණන් වහන්සේ උතුම් බුද්ධ රාජ්‍යයට පත්වුනා නොවැ. ඒ නිසයි එදා ඉඳලා මේ වෘක්ෂරාජයා බෝධිය නමින් දෙව් මිනිසුන්ගෙන් වැඳුම් ලබන්නේ. මේ බෝධීන් වහන්සේ වැඩඉන්නේ අපට වන්දනා මානන පුද පූජා පවත්වලා පින් රැස්කර ගන්ටයි. මේ බෝධීන් වහන්සේ දකිද්දි මට ලස්සන කතාවක් මතක් වුනා මයෙ පුතේ...."

"අනේ ආච්චි.... අපි හරිම ආසයි ඔයා කියාදෙන ලස්සන කතා අහන්න."

"මයෙ පුතේ.... ඉස්සර අපේ රටේ ගෞතම බුදු සසුන බබළන කාලේ හකුරුලි කියලා එක්තරා ගම්මානයක් තිබුනා. ඉතින් ඔය ගමේ ලොකු බෑවුමක වතුර වළක් තිබුනා. හරි අගේට ගහ පුරාම මල් පිපිච්ච මුරුත මල් ගහක් එතන තිබුනා. හැබැයි ඒ ගහ ළඟට ගොඩින් යාගන්ට අමාරුයි. මල් නෙළන අය කරන්නේ පහළට බැහැලා වතුර වලට බහින එක. ඊට පස්සේ එතනින් පීනාගෙන ගොහින් ගහ ළඟට ගොඩ වෙනවා. ඇතිතරම් මල් නෙළාගන්නවා. ඒ මල් බුද්ධ පූජාවට තියනවා.

ඉතින් පුතේ... ඔය විදිහට අමාරුවෙන් මල් නෙළන විදිහ බලාගෙන හිටිය එක්තරා දියණී කෙනෙකුට ඒ ගැන හරි අනුකම්පාවක් හටගත්තා. ඉතින් ඒ පින්වන්ත දැරිවි හොඳින් වේලිච්ච එරබදු ගහක කඳක් දැකලා ඒක අරගෙන ආවා. අර මුරුත ගහ ළඟට ඒ දණ්ඩක් වගේ හිටින්න සැලැස්සුවා. ඊට පස්සේ පුතේ මල් නෙළන්න පීනා යන්ට ඕන වුනේ නෑ. මිනිස්සු සුවසේ ම ගොහින් මල් නෙළාගත්තා.

ඉතින් පුතේ.... ටික කලක් යද්දි ඔය දැරිවි අසනීප වුනා. මරණයට පත්වුනා. මල් නෙළන්ට පහසුව සලසාපු පිනෙන් ආයෙමත් මනුස්ස ලෝකෙ උපන්නා. මෙවර ඈ උපන්නේ දඹදිවයි. පාටලීපුත්‍ර නුවර සෝමදත්ත රජ්ජුරුවන්ගේ දියණිය වෙලා උපන්නා. හප්පා මයෙ පුතේ..... මේ කුමාරිකාවගේ ලස්සන බලන්ට එපායැ. සරීරය ඇහැළ මල් වගේ රන්වන් පාටයි. කෙස් කළඹ තද නිල් පාටයි. ඇස්පිය හෙළුවේ නැත්නම් දිව්‍ය අප්සරාවියක් කියලා කවුරුත් රැවටෙනවා. ඒ තරම් ම රූප සෝභාව. ඉතින් සෝමදත්ත රජ්ජුරුවෝ තමන් ගොඩාක් ආදරේ බෝධීන් වහන්සේට නිසා මේ සුරූපී දියණියට බෝධිරාජ කුමාරිය කියලා නම දැම්මා.

ඊට පස්සේ මයෙ පුතේ.... පින විපාක දෙන හැටි නම් හරි පුදුමයි. මිනිසුන්ට සුවසේ මල් නෙළාගන්ට පහසුව සැලැස්සූ නිසා කුමාරි උපන් දවසේ ම රජ්ජුරුවන්ට අහසින් යන සෙන්ධව කුලයේ සුදුම සුදු ලස්සන අශ්ව පැටියෙකුත් ලැබුනා. රජතුමා ඒ අශ්ව පැටියාට සුවීරක කියලා නම දැම්මා. ආදරයෙන් උපස්ථාන කළා. ඒ වගේම පුතේ, ඒ අශ්ව පැටියාට අපට වගේ කියාදෙන දේවල් හොඳට තේරෙනවා.

ඉතින් පුතේ... මේ සුවීරක අශ්වයා ලොකු වුනාට පස්සේ රජතුමා අසු පිටේ නැගලා අහසට පැන නැගිලා දිනපතා තුන් වතාවක් කොහේදෝ පිටත් වෙනවා. බෝධිරාජ කුමාරිට මේක හරි ප්‍රශ්නයක්. ඈ පිය රජ්ජුරුවන්ගෙන් ඇහුවා තුන් වතාවක් ම මේ කොහේද යන්නේ කියලා. රජ්ජුරුවෝ කිව්වෙම නෑ. ඉතින් මයෙ පුතේ, කුමාරිත් අතඇරියේ ම නෑ. ආයෙමත් පෙරැත්ත කර කර අහනවා. එතකොට රජ්ජුරුවෝ රහස එළිකළා.

"මයෙ දුවේ.... ඔයා දන්නවානේ අපගේ භාග්‍යවතුන් වහන්සේ ගැන. ඉතින් දුවේ.... ඒ අපගේ භාග්‍යවතුන් වහන්සේ ඒ අමා නිවන සොයාගෙන සය අවුරුද්දක් දුෂ්කර ක්‍රියා කළා නොවැ..... දුවේ.... ඒ තැන තියෙන්නේ මෙහේ ඉඳලා අසූ යොදුනක් දුරිනුයි. ඉතින් දුවේ එහේ තියෙනවා නිල් කැටේ වගේ ජලය ගලාගෙන යන නේරංජරා කියලා ලස්සන නදියක්. ඒ නදිය දෙපැත්තේ ම ඇති වැලි තලාවත් හරි ලස්සනයි. එහේ තමයි ජය ශ්‍රී මහා බෝධීන් වහන්සේ වැඩ ඉන්නේ. ඉතින් මයෙ දුවේ ඒ බෝ සෙවණේ උතුම් වජ්‍රාසනය මත තමයි අපේ භාග්‍යවතුන් වහන්සේ බුදුබව ලැබුවේ. ආන්න ඒ බෝධීන් වහන්සේ බැහැ දැක්කාම ජීවමාන භාග්‍යවතුන් වහන්සේ බැහැදැක ගත්තා වගේ මගේ හිතට වචනයෙන් කියන්ට බැරි මහා සතුටක් දැනෙනවා දුවේ. ඒ නිසයි මං දිනපතා අපේ සුවීරකගේ පිටේ නැගලා බෝධීන් වහන්සේට උපස්ථාන කරන්ට තුන් වතාවක් ම යන්නේ."

"අනේ.... පියාණෙනි.... ඔයා මට ආදරේ නම්.... අනේ.... මාවත් එක්කරගෙන ම යන්න ඕනා... මාත් අපේ ශ්‍රී මහා බෝධීන් වහන්සේට උපස්ථාන කරන්ට හරිම ආසයි" කියලා බෝධිරාජ කුමාරි පිය රජ්ජුරුවොත් එක්ක යන්ට කොහොම හරි කැමති කරවා ගත්තා.

"එදා ඉඳලා මයෙ පුතේ, මේ රජ්ජුරුවොයි රාජ කුමාරියි දිනපතා තුන් විටක් බෝධීන් වහන්සේට උපස්ථාන කරන්ට යනවා. ටික කලක් යද්දි සෝමදත්ත රජ්ජුරුවන්ට අසනීපයක් හටගත්තා. එන්න එන්න අසාධ්‍ය ම වුනා. තමන් මේ ඉන්නේ අවසාන අවස්ථාවේ බව රජ්ජුරුවන්ටත් තේරුනා. එතකොට රජතුමා සුවීරක

සෛන්ධව අශ්වයාව කැඳෙව්වා. ඒ අශ්වයාගේ මූණ සිම්බා. කනට කොඳුරලා මෙහෙම කිව්වා.

"මගේ ආදර පුත්‍රය.... නුඹව මට ලැබුන දා පටන් මං ආදරයෙන් රැකබලා ගත්තා. පෝෂණය කළා..... ඉතින් පුතේ.... නුඹත් අද පටන් මාගේ දියණිය බෝධිරාජ කුමාරිවත් ආදරෙන් රැකබලා ගන්ට ඕනෑ. මගේ දූ කුමාරිගේ ආරක්ෂාව තොපට භාරයි. හොඳට පරෙස්සමෙන් බෝධි වන්දනාවට එක්කරගෙන යන්ට ඕනෑ. හොඳ පරෙස්සමෙන් ආපහු එක්කරගෙන එන්ටත් ඕනෑ" කියලා අවවාද කරලා අභාවයට පත්වුනා.

ඊට පස්සේ මයෙ පුතේ.... දැන් පිය රජ්ජුරුවොත් නෑ. නමුත් බෝධිරාජ කුමාරි තනියම දිනපතා තුන් විටක් බෝධි වන්දනාවට අශ්වයා පිටේ නැගලා කලින් වගේම අහසින් යනවා. ටික කලක් යද්දි මයෙ පුතේ, පුදුමාකාර ලස්සනකින් යුතු කුමාරියක් බෝධීන් වහන්සේ වන්දනා කරන්ට තනියම එන වග මිනිස්සු අතරේ පැතිරුනා. මේ කුමාරි ගැන බරණැස් රජ්ජුරුවන්ට ඔත්තු කිව්වොත් තෑගි බෝග ලැබෙන බව මිනිස්සු දන්නවා. ඒ නිසා මිනිස්සු ගිහින් බරණැස් රජ්ජුරුවන්ට මේ ගැන දැනුම් දුන්නා. විස්තරේ අහපු ගමන් බරණැස් රජ්ජුරුවෝ පුදුමාකාර සතුටට පත්වුනා. ඒ ලස්සන කුමාරිව අල්ලගෙන තමන් සතු කරගන්න ඕනා කියලා හිතාගත්තා. සේනාවක් සමග තමන් ම පිටත් වුනා. කුමාරි එනකල් තැන් තැන්වල පඳුරු අස්සේ සැඟවිලා හිටියා.

ඉතින් මයෙ පුතේ.... එදත් තව්තිසාවෙන් මනුලොවට වඩින දිව්‍යාංගනාවක් වගේ මේ ලස්සන කුමාරිකාව අශ්වයා පිටෙන් අහසින් ආවා. බෝධීන්

වහන්සේට වන්දනා කළා. බෝ මළුව ඇමදුවා. බෝධියට පැන් වැඩුවා. එදා බෝධීන් වහන්සේ පැදකුණු කරද්දී බෝධිරාජ කුමාරිට කිසියම් අමුත්තක් දැනුනා. ඈ වටපිට බලද්දී හෙවණැලි වගේ මිනිස්සු පඳුරු අස්සෙන් වේගෙන් දුවගෙන එනවා පෙනුනා. කුමාරි හොඳටම තැතිගත්තා. කලබල වුනා. දුවගෙන ගිහින් අශ්වයාගේ පිටට නැග්ගා. අශ්වයාටත් අනතුර තේරුනා. අශ්වයාත් කලබල වෙලා වේගයෙන් අහසට පැනනැංගා. කුමාරි අශ්වයාගේ බෙල්ල බදාගත්තා. නමුත් ඇඟ පැත්තට ඇල වුනා. එතකොට අත්දෙක ලිස්සුවා. කුමාරි අශ්වයා පිටෙන් වැටුනා. එතකොට මයෙ පුතේ.... අශ්වයාගේ හිතේ එදා පිය රජුගෙන් ලැබුනු අවවාද කාවැදී තිබුන හැටි හරි පුදුමයි. අශ්වයා සැණෙකින් ඔළුව පාත් කරලා කුමාරිගේ කෙස් වැටිය කටින් ඩැහැගත්තා. අහසින්ම පාටලීපුත්‍ර නගරයේ රාජ මාලිගාවේ සඳලු තලයට ගෙනිච්චා.

බලන්න මයෙ පුතේ.... එදා රාජ කුමාරිට කිසි අනතුරක් වුනේ නෑ. අශ්වයා අවවාදය අකුරට ම ඉෂ්ඨ කළා. තිරිසන් සතෙක් වුනත් තමන්ට සැලකූ දේ ගැන ඇති කෙළෙහිගුණය ගැන හරි පුදුමයි. ඔයාලත් කෙලෙහි ගුණ දන්නා අය වෙන්න. ඒ වගේම පුතේ.... එදායින් පස්සේ කුමාරිට තනියම බෝධි වන්දනාවට යන්න සිතට ධෛර්යය ඇතිවුනේ නෑ. නමුත් දන්සිල් භාවනා පින්කම් හොඳට කරගත්තා. මරණින් මතු දෙව්ලොව උපන්නා.

ඉතින් මයෙ පුතේ.... බෝධීන් වහන්සේට උපස්ථාන කිරීම ඒ කාලේ රජ දරුවන් වගේම තෙරුවන් සරණ ගිය සාමාන්‍ය උදවියත් හරි විදිහට කළා. ඒ කියන්නේ ජීවමාන බුදුරජාණන් වහන්සේට ඇප උපස්ථාන කරනවා වගේ බෝධීන් වහන්සේට උපස්ථාන කළා. ඒ කාලේ

දැන් වගේ නයි කපුටෝ ඇඳලා කොඩි නම් එල්ලුවේ නෑ. හරි විදිහට බෝධි පූජාවක් කළොත් ගොඩාක් පින් රැස්කරගන්ට පුළුවනි මයෙ පුතේ...."

ඉතින් එදා අපේ ආච්චි ඒ විදිහට කතාව කියාදීලා ඇස් දෙක වහගත්තා. මීට කලින් අපි අසා නැති ලස්සන කවියක් මෙහෙම කිව්වා.

යමෙක් පුදයි නම් ජය සිරි මහ බෝධි
පිදුවේ ඒ කෙනා අප මුනිඳුගෙ බෝධි
හැම සැප සදන දියුණුව සලසන බෝධි
දිවමන් මුනිඳු ලෙස නමදිමු මහ බෝධි

03

මෙවර වෙසක් පුන් පොහොය නම් මට මුළු ජීවිත කාලෙ ම මතක හිටීවි. මේ වෙසක් පෝයට අපේ ගෙදර හැමෝ ම අනුරාධපුරේ යන්නයි ආසා කළේ. ඒක හරීම සුන්දර වන්දනා ගමනක්. ඉතින් අපි කලින් දවසේ ගොහින් නවාතැන් ගත්තා. වෙසක් පෝදා උදේ ම අපේ ආච්චි රස.... ම රස කිරිබතක් හදලා තිබුනා. කැවුම් කොකිස් හදලා තිබුනා. රස අග්ගලාත් හදලා තිබුනා. මිහිරි කිරිබතින් පුරවා ගත් පාත්‍රයකුත්, කැවිලි පෙවිලි පළතුරුත්, නෙළුම් මලුත් අරගෙන අපි රුවන්මැලි මහාසෑය දෙසට පියමං කළේ හිත පිනායන අමුතු නැවුම් බවකින්.

"මයෙ දරුවනේ...... ආං.... බලන්ට...... හප්පා..... මහාසෑයේ ලස්සන. මහා අලංකාර තේජසකින් බබළනවා..... අපේ භාග්‍යවතුන් වහන්සේගේ සර්වඥ ධාතු වැඩසිටින මහා චෛත්‍ය රාජයා නොවැ..... දරුවනේ.... අපි අපේ භාග්‍යවතුන් වහන්සේගේ ගුණ මෙනෙහි කරමිනුයි සලපතල මළුවට ඇතුලු වෙන්න ඕනා....." කියලා අපේ ආච්චි තමයි ඉස්සෙල්ලාම මිහිරි හඬින් 'ඉතිපි සෝ භගවා.... අරහං....' යනාදී බුදුගුණ ගායනා කරන්ට පටන් ගත්තේ. එතකොට අපි කවුරුත් ඒ සමග ම මිහිරි සරින් බුදුගුණ ගායනා කළා. අපට දැන් මේවායේ

අර්ථ තේරුම් ගන්න පුළුවන් නිසා හිත අමුතු සතුටකින් උදම් වුනා.

අපි මුලින් ම කළේ දිගටම බුදුගුණ කියමින් දකුණු අතට මහාසෑය පැදකුණු කිරීමයි. මහාසෑය දෙස බලද්දි මට පෙනුනේ මහාමේරු පර්වතය අහස උසට නැගී සිටිනවා කියලයි. ඒ තේජාන්විත විලාසයට මං නම් හරිම ආසයි. සුදෝ සුදු සෑ මුදුනේ රන් පාටින් කොත දිලිසෙනවා බලන්න මං තවත් ආසයි.

ඉතින් අපි වඩම්මාගෙන ආ පුද පූජාවන් මහාසෑයේ ආසනවල තැන්පත් කළා. පැදුරු එළාගෙන සෑය ළඟින් ම වාඩිවුනා. මහාසෑ පාදමට නළල තියලා වන්දනා කළා. එතකොට ආච්චි මෙහෙම කිව්වා. "පුතේ.... අපේ ජීවමාන භාග්‍යවතුන් වහන්සේගේ ශ්‍රී පාද පද්මය අභියස වැඳ වැටෙනවා කියලා හිතාන වැඳගන්ට පුතේ. ඒත් එක්කම ඔයාලගෙ ජීවිතත් බුදුරජාණන් වහන්සේට පූජා කරගන්ට."

ඊට පස්සේ අපි හැමෝම මිහිරට ගාථා කියලා වන්දනා කළා. පිරිත් කිව්වා. ආච්චිට මිහිරි හඬින් පිරිත් සජ්ඣායනා කරන්ට පුළුවනි. ඒ වන්දනාවෙන් පස්සේ අපි ආච්චිටයි සීයටයි සෑ මළුවෙදි ම වන්දනා කරන්ට සූදානම් වුනා. එතකොට ආච්චි කලබලේට මෙහෙම කිව්වා.

"නෑ... නෑ... මයෙ දරුවනේ.... මෙතනදි.... මේ මහා සලපතල මළුවේදී වැඳුම් පිදුම් ලැබිය යුත්තේ අපගේ බුදුරජාණන් වහන්සේ විතර ම යි. පුතේ..... මේ මහා සලපතල මළුවේ අනූ කෝටියක් මහරහතන් වහන්සේලා අපගේ භාග්‍යවතුන් වහන්සේට පමණ ම යි වන්දනා

කළේ..... ඉස්සර කාලේ පුතේ.... සංඝයා වහන්සේලාට වැන්දෙත් පහත වැලි මළුවෙදි. මේ මළුව වෙන්වුනේ බුදුරජාණන් වහන්සේට වඳින්න පමණයි.... ඒ නිසා පුතේ.... නවාතැන් පොළට ගියාට පස්සේ අපට වැඳලා පින් කරගන්ට හොඳේ.... ඒක නොවෙයි දරුවනේ.... මං මේ මහාසෑයේ වටිනාකොම ගැන පුංචි කතාවක් කියන්ට ද?"

"අනේ හොඳයි.... අපෙ අම්මා.... ඒ කතාව මේ දරුවොත් මහාසෑ මළුවෙදි ම අහන එක තමයි හොඳ" කියලා අපේ තාත්තා ආච්චිව තවත් උනන්දු කළා. ආච්චි කතා කළේ මහාසෑය දිසාවට වැඳගෙන ම යි. ආච්චි හිනා වෙද්දි මහාසෑයට පූජා කරපු මලක් වගේ ලස්සනයි.

"එහෙනම් දරුවනේ.... ඕං අහගන්ට. ඉස්සර කාලේ භාතිය කියලා අපේ මහ රජ්ජුරු කෙනෙක් හිටියා.... ඒ කාලේ රජ දරුවන්නේ උදාර ගතිගුණ මතක් වෙද්දි අපේ හිතටත් මහා සැපයක් දැනෙනවා දරුවනේ. ඉතින් මේ භාතිය රජ්ජුරුවොත් හරිම ශ්‍රද්ධා සම්පන්නයි. මහසෑයට පණ වගේ ආදරෙයි. හැමදෑම රාජ මාලිගාවේ රාජකාරි පටන් ගත්තේ මහසෑයට වන්දනා කරලා, මහසෑයට වත් කරලා පුද පූජා පැවැත්තුවාට පස්සෙයි. ඔය අපේ භාතිය රජ්ජුරුවෝ තමයි පුතේ මේ මහාසෑය වැහෙන්න ම සුවඳ මැටි තවරලා සමන් මල් කඤ්චුකයකින් වහලා සමන් මල් ගුලාවකින් බුදුරජාණන් වහන්සේව පිදුවේ.

ඒ වගේම දරුවනේ.... භාතිය රජ්ජුරුවෝ බණ අහන්ටත් ආසයි. එදා පෝය දවසක්. ඉතින් මේ රජ්ජුරුවන්ට බණක් අහන්ට ආසා හිතුනා. ලෝවාමහා ප්‍රාසාදයේ තිබුණු අලංකාර ලී කැටයම් දැමූ බණ මඩුව

ලස්සනට සැරසුවා. ධර්මාසනයත් සැරසුවා. ඒ කාලේ බණට ඉතා ප්‍රසිද්ධව හිටපු ධර්ම කීර්ති පණ්ඩිත කියන උපාසකතුමාට ආරාධනා කළා. "පණ්ඩිතයෙනි, මං අද තුනුරුවන්නේ ගුණ කියවෙන ජයමංගල ගාථාවකින් බණක් අහන්ට සතුටුයි" කිව්වා. ධර්ම කීර්ති පණ්ඩිතයෝ වටාපතත් අතට ගෙන බණ පුටුවට ගොඩවුනා. රජ්ජුරුවන්නේ මුහුණ බැලුවා. 'මං අද අපේ දේවයන් වහන්සේගේ සිත සතුටු වන අයුරින් බණ ටිකක් කියන්ට ඕනෑ' කියලා ධම්මපදයේ බ්‍රාහ්මණ වර්ගයට අයත් මේන්න මේ ගාථාව මාතෘකා කළා." මෙහෙම කියලා අපේ ආච්චි දෑස පියාගත්තා. දොහොත් නගා වැඳගෙන මිහිරට මේ ගාථාව කිව්වා.

දිවා තපති ආදිච්චෝ - රත්තිං ආභාති චන්දිමා
සන්නද්ධෝ ඛත්තියෝ තපති - ඣායී තපති බ්‍රාහ්මණෝ
අථ සබ්බමහෝරත්තිං - බුද්ධෝ තපති තේජසා

ඊට පස්සේ ආච්චි බණ කතාව කියාගෙන ගියා. "ඉතින් දරුවනේ.... **දිවා තපති ආදිච්චෝ** 'දවල් කලට බබළන්නේ හිරු මඬලයි' කියලා ධර්ම කීර්ති පණ්ඩිතයෝ සූරිය පිරිත විස්තර කරලා බැස යමින් සිටින අලංකාර හිරු මඬලට වන්දනා කළා.

රත්තිං ආභාති චන්දිමා 'රෑ කල බබළන්නේ සඳ මඬලයි' කියලා චන්ද පිරිත විස්තර කරලා බැබලි බැබලී උදාවන රන්වන් සඳ මඬලට වන්දනා කළා. **සන්නද්ධෝ ඛත්තියෝ තපති** 'සර්වාභරණයෙන් සැරසී සිටින අපගේ රජ්ජුරුවන් වහන්සේත් බබළත් ම යි' කියලා භාතිය රජ්ජුරුවන්ට වන්දනා කළා. **ඣායී තපති බ්‍රාහ්මණෝ** 'අපගේ ආර්යයන් වහන්සේලා සමථ විදර්ශනා භාවනාවන්

වඩද්දි ලස්සනට බබළනවා නොවැ' කියලා එහි වැඩහුන් සංඝයා වහන්සේට වන්දනා කළා. **අථ සබ්බමහෝරත්තිං බුද්ධෝ තපති තේජසා** 'ඒ කවුරුන් බැබළුනත් දිවා රාත්‍රී දෙකේ සෑම කල්හි ම අපගේ බුදුරජාණන් වහන්සේ සම්බුදු බල තේජසින් බබළන සේකැ'යි කියලා මේන්න මේ රන්මැලි මහාසෑ රජාණන් වහන්සේට වන්දනා කළා.

දරුවනේ, භාතිය රජ්ජුරුවෝ ප්‍රීතියෙන් ඉපිල ගියා. බණ මඩුව ගිගුම් දෙන්න තරම් සද්ද නගලා තුන් යලක් සාදුකාර දුන්නා. එතකොට භික්ෂූන් වහන්සේලාත් බණ මඩුවේ අතුරු සිදුරු නැතුව පිරී සිටි සැදැහැවත් ජනී ජනයාත් එක්පැහැර මිහිරි හඬින් තුන් යලක් සාදුකාර පැවැත්තුවා. රජ්ජුරුවෝ මෙහෙම කිව්වා.

"ධර්ම කීර්ති පණ්ඩිතයෙනි, තොපගේ බණ ටික නම් ඉතා උචිතයි. අවස්ථාවට ගැලපෙනවා. අති මනහරයි. මංගල ගාථා රත්නයකින් බණ කිව්වා නොවැ" කියලා හුනස්නෙන් නැගිට්ටා. "පණ්ඩිතයෙනි, තොපගේ දෑත දිගුකල මැනව" කිව්වා. එතකොට ධර්ම කීර්ති පණ්ඩිතයෝ ධර්මාසනයේ සිටිද්දි ම දෑත් දිගුකළා. භාතිය රජ්ජුරුවෝ රන් කහවණු දහසකින් බැඳි පියල්ලක් පණ්ඩිතයන්ගේ අතේ තිබ්බා. හැමෝම සාදුකාර පැවැත්තුවා. එදා ඉඳලා පුතේ ඔය ගාථා රත්නයට කිව්වේ සර්ව මංගල ගාථාව කියලා.

ඉතින් දරුවනේ, ඒ කාලේ අපේ රජදරුවෝ.... අපේ සංඝයා වහන්සේලා.... අපේ මහ පඬිවරු හැමෝම මේ රුවන්මැලි මහාසෑ රජුන්ට අත්‍යුදාර ලෙස ගරු බුහුමන් දැක්කුවේ ජීවමාන බුදුරජාණන් වහන්සේට වන්දන මානන කරන ලෙසිනුයි.

ඉතින් මයෙ දරුවනේ..... අද නොවැ අපගේ භාග්‍යවතුන් වහන්සේගේ උපන්දිනේ. අද වගේ දවසක නොවැ උන්නාන්සේ සපරිවාර මාර සේනා පරද්දවලා තුන්ලෝ ජයගත්තේ. සම්බුද්ධ රාජ්‍යය දිනාගත්තේ.... අද වගේ දවසක නොවැ උන්නාන්සේ පරම සුන්දර අමා මහ නිවන්පුර වැඩියේ. ඉතින් දරුවනේ.... මීටත් වඩා මහෝත්සව දවසක් දෙවියන් සහිත මිනිස්සුන්ට තවත් තියෙයි ද? අද තමයි තෙරුවන් සරණ ගිය අපගේ හැබෑම අවුරුද්ද. බුදුරජාණන් වහන්සේ පිරිනිවිලා අවුරුදු දෙදාස් හයසීයකුත් වුනා නොවැ..... අපේ දුටුගැමුණු මහ රජ්ජුරුවන් වහන්සේත් අද වගේ වෙසක් පොහෝ දවසක නොවැ රුවන්මැලි මහාසෑයේ ධාතු නිධානෝත්සවය කළේ. අපේ කාවන්තිස්ස මහ රජ්ජුරුවෝත් අද වගේ වෙසක් පොහෝ දවසකයි සේරුවිල මංගල මහාසෑය බඳින්ට මුල්ගල තැබුවේ. ඉතින් දරුවනි, එවන් උදාර පොහෝ දවසක් නොවැ අද. මේ කතාව කියාන යද්දි මට තවත් ලස්සන ගාථාවක් මතක් වුනා. ඒ ගාථාවෙනුත් බුදුරජාණන් වහන්සේට වඳින.... වා.... කියන අදහසින් අපි ලස්සනට කියමු.

"පදුමං යථා කෝකනදං සුගන්ධං
පාතෝ සියා ඵුල්ලමවීතගන්ධං
අංගීරසං පස්ස විරෝචමානං
තපන්තමාදිච්චමිවන්තලික්ඛේ'ති"

උදයෙ පිපී සුවඳ හමන රතු පියුමක් වැන්නේ
සරත් කලට අහසෙ දිලෙන හිරු මඬලක් වැන්නේ
සිල් සමාධි ගුණ නුවණින් හැම විට බබළන්නේ
අන්න බලන් අංගීරස සමිඳුය වැඩ ඉන්නේ

සාදු... සාදු... කියලා අපි හැමෝම වන්දනා කළා. ඇත්තෙන්ම මට හරිම සතුටුයි. අපේ ආච්චිගේ හිතේ ඇතිවෙච්ච පැහැදීම නිසා අපි හැමෝටමත් මේ උතුම් අවස්ථාව ලැබුනා. අනේ අපේ හෙළ රජදරුවන් රජ කරන කාලේ අද වගේ වෙසක් පුන් පොහෝ දවසක් මොනතරම් උත්සව ශ්‍රීයෙන් බැබලී යන්ට ඇද්ද.... අපේ හැබෑම අවුරුද්ද අද නොවැ....

(සද්ධර්මාලංකාරය ඇසුරිනි)

04

අද පෝය දවසක්. අපි හැමෝම සිල් සමාදන් වුනා. ඒ උපෝසථ සීලය යි. අද අපි සිල් සමාදන් වුනේ කැළණියේ. හීල් දානයෙන් පස්සේ අපේ පින්වත් ආච්චි වටා අපි එකතු වුනා.

"අනේ ආච්චි..... අදත් අපිට කතාවක් කියාදෙන්න ම ඕනා. ඔයා කියන කතා අහන්න අපි හරී ආසයි."

"එහෙනම් දරුවනේ, ඔයාලා නිතර ම මේ කරුණ මතක තියාගන්න. ඉතා ආදර භක්තියෙන් අපි තෙරුවන් සරණ යනවා නොවැ. ඒ තෙරුවන් සරණේ ඇති පිහිට නම් සිතෙන් සිතාගන්ටත් බැරිතරම් මහා පුදුමයි. කොටින්ම දරුවනේ, තෙරුවන් සරණ යෑම කියන්නේ මහා උත්තම සරණක්. මහා බලසම්පන්න පිළිසරණක්. සැබෑම රැකවරණයක්. සද්ධර්මාලංකාරය කියවද්දී මට ලස්සන කතාවක් කියවන්ට ලැබුනා පුතේ.

ඒ කාලයේ අපේ භාග්‍යවතුන් වහන්සේ අමා දහම් වරුසා වස්සවමින් දඹදිව තලය පුරා චාරිකාවේ වැඩිය වග මයෙ දරුවන් දන්නවා නොවැ. ඉතින් උත්තම රහතන් වහන්සේලා පිරිවරාගෙන චාරිකාවේ වඩිද්දි කොසඹෑ නුවරටත් වැඩියා. ඒ කොසඹෑ නුවර සුංසුමාරගිරි කියලා කැලෑබද පර්වතයක් තියෙනවා. ඒ පර්වතයේ ආශ්‍රිතව

ගණ සැරේට ගස් වැවුණු අපූරු වනයක් තියෙනවා. ඒ වනයට කියන්නේ භේසකලා කියලා.

ඉතින් මයෙ දරුවනේ, කොසඹෑ නුවර රජ්ජුරුවන්ටත් අපේ භාග්‍යවතුන් වහන්සේ වැඩි වග ආරංචි වුනා. රජ්ජුරුවොත් තමන්නේ බිසොවුන් වහන්සේ වන වෙස්සාමිත්තා දේවියත් සමග භාග්‍යවතුන් වහන්සේ බැහැදකින්ට ගියා.

ඉතින් දරුවනේ..... එදා භාග්‍යවතුන් වහන්සේගෙන් බණ ඇසූ මේ දෙන්නා හොඳටෝම සතුටු වුනා. සිත පහදවා ගත්තා. බුදුරජාණන් වහන්සේව සරණ ගියා. ධර්ම රත්නයත් සරණ ගියා. සඟරුවනත් සරණ ගියා. ඉතින් එදා ඉඳලා වෙස්සාමිත්තා බිසොව හැම තිස්සේම උතුම් තිසරණය මෙනෙහි කළා. භාග්‍යවතුන් වහන්සේගේ ගුණ මෙනෙහි කරමින් බුද්ධානුස්සතියේ යෙදුනා.

අනේ දරුවනේ.... මනුස්සයන්ට මේ ලෝකයේ කරදර විපත්ති කඩාවැටෙන්නේ තෝර තෝරා නොවෙයි. ඉතින් මේ රජ පවුලටත් මහා කරදර කාලයක් ආවා. ඈත නුවරක වසන දරුණු රජෙක් කොසඹෑ නුවර රාජ්‍ය සීමාව ආක්‍රමණය කරන්ට ආවා. කොසඹෑ නුවර රජ්ජුරුවන්ට දූතයෝ එව්වා.

"තීන්දු දෙකක් ඇත්තේය. එක්කෝ ඔය රාජ්‍යය මා හට දිය යුත්තේය. නැත්නම් යුද්ධයකට මුහුණ දිය යුත්තේය" කියලා. මේ සතුරු රජාගේ දූතයන් එවූ හසුන කියවපු රජ්ජුරුවන්ට හොඳටෝම කේන්ති ගියා. "එම්බල දූතයනි, තොපගේ රජුට කියාපන් මා සමග යුද්ධ කරන්ට

කියලා. මා සතු දේශය කවරදාකවත් මං පණ පිටින් සිටිද්දී තොපට ගන්ට ඉඩ තියන්නේ නෑ" කියලා පිළිතුරු දීලා ඔවුන්ව එළවා ගත්තා.

ඉතින් දරුවනේ, කොසඹෑ නුවර රජ්ජුරුවෝ වෙස්සාමිත්තා බිසොවත් එක්කරගෙන සිව්රඟ සේනාවත් පිරිවරාගෙන සතුරු ආක්‍රමණයට මුහුණ දෙන්න පිටත් වුනා. සංග්‍රාම භූමියට ආසන්නයේ කඳවුරු ගසාගත්තා. බිසොවට මෙහෙම කිව්වා. "දේවී, යුද්ධයකදී කවුරු දිනයි ද, කවුරු පරදියි ද කියලා කියන්ට බැහැ. බැරිවෙලාවත් මං පැරදුනෝතින් රන්වන් පාට ලොකු පතාකයක් ඔසොවාගෙන යුද්ධය ඉදිරියට ගෙන යාවි. එතකොට ඔයා හැකිතාක් ඉක්මණින් කොසඹෑ නුවරට පළායන්න.

ඉතින් දරුවනේ, යුධ බෙර ගසාගෙන, සක් පිඹගෙන දෙපැත්තේ ම සේනාව ටිකෙන් ටික ඉදිරියට ඇදුනා. මූණට මූණ සිටගත්තා. යුද්ධය පටන් ගත්තා. හප්පේ.... මයෙ දරුවනේ.... ඒක මහා භයානක යුද්ධයක්. තමන්ට පරාජය අත්වෙන බව කොසඹෑ නුවර රජ්ජුරුවන්ට තේරුනා. බිසොවුන් වහන්සේට පේන විදිහට රන් පැහැති පතාකයක් එසෙව්වා. පතාකය කියන්නේ විසාල කොඩියක්. ඉතින් දිගට සටන් පවතිද්දී අනේ ඒ හොඳ රජ්ජුරුවෝ රණ දෙරණේ ම අවසන් හුස්ම හෙළා සැතපුනා.

රජ්ජුරුවෝ සේනාවත් එක්ක යුද්ධයට ගිය මොහොතේ පටන් වෙස්සාමිත්තා දේවිය කෑමක් බීමක් නැතුව මග බලාන උන්නා. රන් පතාකය දැක්ක ගමන් හොඳටෝම තැති ගත්තා. කලබල වුනා. දැන් ඉතින්

ඔක්කොම ඉවරයි කියලා තේරුම් ගත්තා. එවේලේ ම කොසඹෑ නුවර බලා පිටත් වුනා. හැබැයි දරුවනේ, හැම තැන ම චරපුරුෂයෝ හිටියා. බිසොවට පැනලා යන්න ලැබුනේ නෑ. ඔවුන්ට අහුවුනා. සතුරු රජා ළඟට ගෙනිච්චා. රන් රුවක් වගේ මනස්කාන්ත රූප සෝභාවෙන් දිලිසෙන දේවීන් වහන්සේ දුටු ගමන් සතුරු රජා කාමයෙන් විකල් වුනා.

"හොඳා.... බොහෝම හොඳා.... දැන් කල්ගත කරන්ට කාරි නෑ. ඔව්.... දැන්ම ම! වහාම පුරෝහිතයන් කැඳවාපල්ලා. කොසඹෑ නුවර රාජ්‍යයට මාගේ අභිෂේක මංගල්‍යය සූදානම් කරපල්ලා. මැයව මාගේ අග්‍ර මහේෂිකාව බවට අභිෂේක මංගල්‍යය සූදානම් කරපල්ලා" කිව්වා.

එතකොට දරුවනේ, අමාත්‍යවරු ගොහින් වෙස්සාමිත්තා දේවීන් වහන්සේට අග්‍ර මහේෂිකා තනතුරට සුදුසු පරිදි සැරසෙන්න කියලා යටහත් පහත්ව ඉල්ලා සිටියා. "ඈ.... එම්බල හිස් මිනිසුනේ.... මට මොන අභිෂේක මඟුල් ද.... වහා පලයව් මෙතනින්" කියලා ඇමතිවරුන්ව පන්නා ගත්තා. එතකොට ආයෙමත් සතුරු රජා වෙස්සාමිත්තා තමන් ඉදිරියට අරගෙන එන්ට අණ කළා. අභිෂේක මංගල්‍යය කරලා අග්‍ර මහේෂිකා තනතුරට පත්කරවීම ගැන එතුමිය අසතුටු ඇයි ද කියලා ඇහුවා. "දේවයන් වහන්ස, මං අභිෂේකයට අකැමති ඇයි ද කියන කාරණය ඇසුව මැනව. මාගේ ජීවිතයට සෑම ඓශ්වර්යයක් ම ගෙන ආවේ මාගේ ස්වාමිපුත්‍ර කොසඹෑ රජතුමා යි. උන්නාන්සේ අද ස්වර්ග ලෝකයට වැඩියා. දොළොස්දහසක් බිසොවුන්ට අග්‍ර වූ මහේෂිකාව

කරලා උන්නාන්සේ මාව ආරක්ෂා කළේ තමුන්නේ හදවත වගේ. ඒ මාගේ සදාදර ස්වාමිපුත්‍රයා සිහි කරන මේ මොහොතේ මගේ හදවතත් කයත් වියෝග ශෝක ගින්නෙන් දැවෙනවා. ඉතින් දේවයන් වහන්ස, එහෙව් මං ආයෙමත් රජෙකුට අග්‍ර මහේෂිකාව වුනොත් ඒ රජුටත් මෙවන් විපතක් පැමිණියොත් මේ ගින්දර ආයෙමත් මට දැනේවි..... අයියෝ..... මං මේ සිත සිතා ඉන්නේ මේ ශෝක ගින්න දුරු කරගන්නේ කොහොමද කියලයි..... කවරදාකවත් නුවණැති පුරුෂයෙක් මෙවැනි ගින්නකට වියළි තණකොළ දමයි ද?

ඉතින් දරුවනේ, යුධ ජයග්‍රහණයෙනුයි කාමයෙනුයි උමතු වෙලා උන්න සතුරු රජා මේ සුරූපී බිසොව තම මූණට ම කියාපු කතාව අහලා විෂඝෝර සර්පයෙක් වගේ කිපුනා. යක්ෂාවේශයෙන් වගේ සේවකයන් ඇමතුවා.

"එම්බල සේවකයිනි, ඔව්.... දැන්ම ම.... රාජාංගනයේ දර සෑයක් බැඳපියව්. ඔව්.... දැන්ම ම මේකිගේ ප්‍රියාදර සැමියා ළඟට මං මේකිව පිටත් කරනවා. ඔව්..... දැන් එහෙනම් තිට තිගේ සැමියා සොයාගෙන ගින්නට වැදෙන්න පුළුවනි."

එතකොට මයෙ දරුවනේ, වෙස්සාමිත්තා බිසොව හඬ හඬා මෙහෙම කිව්වා. "අයියෝ.... දේවයන් වහන්ස, කිසි වැරැද්දක් නැති නිරපරාධ ස්ත්‍රියක් ඇවිලෙන ගින්නට දාලා මරා දැමීම ඒකාන්තයෙන් බරපතල අකුසලයක් ම යි. මෙලොව පරලොව දෙකේ ම භයානක කටුක විපාක විඳින්ට මේ පාපය හේතු වේවි..... දේවයන් වහන්ස, පෙර රජදරුවන් කිසිදාක ශ්‍රමණ බ්‍රාහ්මණයන් වහන්සේලා,

තම මව්පිය දෙදෙනා වහන්සේ, සිඟිති දරුවෝ, රෝගී මිනිසුන් වගේම අසරණ කාන්තාවන් ඝාතනය කරවන්ට සතුටු වුනේ නෑ.... එනිසා දේවයන් වහන්ස, මම මෙබඳු ඉරණමක් ලබන්ට සුදුසු කෙනෙක් නෙමෙයි."

එතකොට දරුවනේ, මේ රජා තවත් කිපුනා. ඇස් රතු වුනා. ලොකු වුනා. දත්කුරු කෑවා. හයියෙන් කෑ ගැසුවා.

"වරෙව්.... මේකිව දැන්ම ම ඇදගෙන පලයව්. බුර බුරා නැගෙන ගිනිදැල් ඇති දරසෑයට දමාපියව්" කියලා යටි ගිරියෙන් කෑ ගැසුවා.

සේවකයෝ ඇවිත් අපේ බිසොවුන් වහන්සේ ඇදගෙන යද්දි ඈට භාග්‍යවතුන් වහන්සේව මතක් වුනා.

'අනේ දැන් මට එක ම පිහිට මාගේ ශාස්තෲන් වහන්සේ පමණයි. දැන් මට වෙන කිසි සරණක් නෑ. මම ඒකාන්තයෙන් ඒ භාග්‍යවත් බුදුරජාණන් වහන්සේව සරණ යනවා. මං ඒ ධර්මයත් සරණ යනවා. මං ආර්ය මහා සංඝ රත්නයත් සරණ යනවා. මට ඒකාන්තයෙන් තිසරණයේ සරණ ලැබේවා!' කියලා දැඩි ලෙස අධිෂ්ඨාන කරගත්තා.

සේවකයෝ අපේ බිසොවුන් වහන්සේව ඇදගෙන ගොහින් ගිනි මැලේට තල්ලු කළා.

හප්පේ මයෙ දරුවනේ.... මහා ආශ්චරියයක් වුනා. තද රතු පාට පලසක් පොරෝගෙන ඉතා සිහිල් සෙවනක සිරි යහනක සැතපුනා වගේ ඈ වැටිච්ච තැනම කිසි පීඩාවක් නැතුව සැපසේ හිටියා. කෙස් ගහක් පිච්චුනේ

නෑ. මේ පුදුමය දැකපු සතුරු රජා මහා සංත්‍රාසයකට, භයකට පත්වුනා. ලොමුඩැහැගත්තා. ශරීරයෙන් දහඩිය ගලන්න ගත්තා.

"අයි.... අයියෝ..... මගේ අතින් බරපතල වැරැද්දක් වුනා නොවැ" කියලා සේවකයන්ට කෑ ගැහුවා. "ඒයි සේවකයිනි, වරෙල්ලා. දේවිය බේරාගනිව්. හනික ගොඩට ගනිල්ලා" කියලා කෑ ගැහුවා. නමුත් දරුවනේ කාටවත් ළං වෙන්ට බැහැ. ඒ තරම්ම ගින්දර රස්නෙයි. වෙස්සාමිත්තා දේවිය ඉතා සන්සුන්ව නැගිට්ටා. තමන් ම එළියට ආවා. රජතුමා ළඟට ඇවිදින් හොඳට බැලුවා. පුදුමෙනුත් පුදුමයි. නූල් පොටක දෙයක් ගිනි අරගෙන නෑ. රෝම කූපයක් පිච්චිලා නෑ. රාජ කන්‍යාවක් ඉදිරියේ නැමී වැටෙන රොඩියෙක් වගේ අර සතුරු රජා දේවිය ඉදිරියේ දෙකට තුනට නැමිලා කතා කළා. "අ.... අපේ.... පි.... පින්වත් දේවියනි..... මේසා මහා බරපතල ගිනි ජාලාවකින් ඔබවහන්සේ පිළිස්සුනේ නැත්තේ ඇයි?" "දේවයන් වහන්ස, මේ ලෝකයේ දුකකට, භයකට, විපතකට අන්තරායකට පත් සත්වයන්ට බුදුරජාණන් වහන්සේ සරණ යෑම හැර, ධර්මය සරණ යෑම හැර, ආර්ය සංඝයා සරණ යෑම හැර වෙන කිසි පිහිටක් නෑ. මං බේරුනේ මගේ හාස්කොමකට නොවෙයි. උතුම් ත්‍රිවිධ රත්නයේ ඇති හාස්කම නිසයි. දේවයන් වහන්ස, මේ උතුම් තිසරණය මෙවැනි ආපදාවලින් පමණක් නොවෙයි සතර අපායෙනුත් සත්වයන්ව බේරාගන්නවා. සුගතියේ ආරස්සාව සලස්වනවා. සසරෙන් එතෙර කරවනවා. අමා නිවනටත් පමුණුවනවා."

ඉතින් මයෙ දරුවනේ, රජ්ජුරුවෝ පුදුම වුනා. තමන්නේ වැරදි ගැන පසුතැවුනා. සියලු වරදට බිසොවුන් වහන්සේගෙන් සමාව ගත්තා. එතුමිය මව් තනතුරේ පිහිටෙව්වා. තමාත් තෙරුවන් සරණ ගියා. මේ පුදුමය දැක්ක කොසඹෑ නුවරවාසීන් මිසදිටු විශ්වාස අත්හැරියා. තෙරුවන් සරණේ පිහිටියා. බලන්න දරුවනේ, භාග්‍යවතුන් වහන්සේ මුණගැසීම මහා පිළිසරණක් නේද?

05

අදත් අපට හරිම සතුටු දවසක්. අපි හැමෝ ම කිරිවෙහෙර වඳින්ට ආවා. කතරගම කිරිවෙහෙර වහන්සේ හරිම ලස්සනයි. දුටු පමණින් සිත පහදිනවා. ඇත්තෙන් ම අපිට අපේ ආච්චි ඉන්න එක මොනතරම් දෙයක් ද! මේ වන්දනාවෙදිත් ආච්චි තමයි අපට හැම දේ ම කියාදුන්නේ. අපි හැමෝම මල් අරගෙන බුදු ගුණ කියමින් කිරිවෙහෙර වහන්සේ පැදකුණු කළා. රාත්‍රියට කිරිවෙහෙර මළුවේ වාඩිවෙලා ඉන්න හිතෙනවා. ආච්චි ලස්සනට ගාථා කියවලා, සිංහල තේරුමත් කියවලා වන්දනා කෙරෙව්වා. අපි හැමෝම කිරිවෙහෙර මළුවේ පසෙකින් වාඩිවුනා. ඒ වෙලාවේ තාත්තා අපේ ආච්චිගෙන් අපූරු ප්‍රශ්නයක් ඇහුවා.

"අම්මේ... ස්වල්ප පිනක් වුනත් ටිකක්ය කියලා අතාරින්ට එපාය කියලා අපේ භාග්‍යවතුන් වහන්සේ වදාළා ගාථාවක් තියෙනවා ද?"

"නැතුව පුතේ.... ඇයි මතක නැද්ද? ධම්මපදයේ නොවැ ඒ ගාථාව තියෙන්නේ. අර බිළාලපාදක සිටුතුමාගේ කතාවෙ නේ ඒ ගාථාව තියෙන්නේ."

"ආච්චි මං ඒ කතාව දන්නවා. පින ගැන තියෙන තව කතාවක් ආච්චි දන්නෙ නැද්ද?" කියලා නංගි

ආච්චිගෙන් ඇහැව්වා. එතකොට අපේ ආච්චි සුපුරුදු සිරියාවන්ත සිනහාවෙන් මෙහෙම කිව්වා. "මොකෝ දරුවො මතක නැත්තේ.... මතකයි මතකයි."

"අනේ.... ආච්චියේ.... අද නම් කතාවක් අහන්ට හොඳම වෙලාවයි මේ" කියලා මං ආච්චිව උනන්දු කළා.

"දරුවනේ, ඔයාල දන්නවා නේ අපේ දුටුගැමුණු මහරජ්ජුරුවෝ. උන්නාන්සේ මහා දුෂ්කර වැඩක් කළා නොවැ. මුළු ලංකාවෙන් ම දෙමළ බලය පලවා හැරියා. අපේ රට එක්සේසත් කළා. ඒ කියන්නේ එකම රජෙකුගේ අණසක යටතට ගත්තා. ඉතින් උන්නාන්සේ අනුරාධපුරයේ රාජ මාළිගාවේ වැඩ උන්නේ.

දරුවනේ, අපේ දුටුගැමුණු රජ්ජුරුවන්ට යුද්ධයේදී ගොඩාක් උපකාරී වුනේ කඩොල් ඇතා. දවසක් මේ කඩොල් ඇතා දම්වැල් කඩාගෙන පැනල ගියා. නැගෙනහිර පැත්තට ගියා. මහ වනාන්තරේට වැදුනා. වනයේ තියෙන ගස් බිඳගෙන කකා යද්දී ඈත තිබුනා මහනදුරු කියල ආරණ්‍යයක්. ඔය ආරණ්‍යයටත් ගියා. ඒ වෙලාවේ ස්වාමීන් වහන්සේලා ගස් යට භාවනා කරනවා. සක්මන් කරනවා. ඇතැම් ස්වාමීන් වහන්සේලා මිහිරට ධර්මය සජ්ඣායනා කරනවා. මේ දර්ශනය දැකපු කඩොල් ඇතා පැහැදුනා. එදා පටන් එතැනින් ඈතට ගියේ නෑ. වනේට ගොහින් ඉදුනු පළතුරු ගෙඩි වර්ග කඩාගෙන ඇවිත් ස්වාමීන් වහන්සේලාට පූජා කරනවා.

අපේ දුටුගැමුණු රජ්ජුරුවෝ කඩොල් ඇතාව සොයන්ට හතර දිසාවට ඇමැතිවරු පිටත් කළා. ඔයින් නැගෙනහිර පළාතට පිටත් කළේ තිස්ස කියන අමාත්‍යතුමාව. මේ ඇමතියා වනය පීරාගෙන දිගටම යද්දී

එයත් මේ මහනදුරු කියන ආරණ්‍යයට ආවා. ඉතා ශාන්ත ඉරියව්වලින් යුතුව, සිත පහදවන හැසිරීමෙන් යුතුව, නිතරම බණ භාවනාවේ යෙදී ඉන්න භික්ෂූන් වහන්සේලා දැක්කාම තිස්ස ඇමතියත් පැහැදුනා. ඒ වෙලාවෙ තමයි කඩොල් ඇතා කැලෙන් මතුවුනේ. හප්පේ බලන්ට එපායැ මහ උපාසකයෙක් වගේ ඇතා එන හැටි. හොඳට ඉදුණු ගෙඩි තියෙන කර අතුත් හොඬින් ගෙනැවිත් ස්වාමීන් වහන්සේලාට පූජා කරලා වැන්දා. මේ ආශ්චර්යය බලා සිටිය තිස්ස අමාත්‍යයා මෙහෙම කල්පනා කළා.

'හප්පේ හරිම ආශ්චර්යයක් නොවැ. මේසා චණ්ඩ පරුෂ ගති ඇති මිනීමරු තිරිසන් සත්තු පවා ධර්මයේ හැසිරෙන අපගේ ආර්යයන් වහන්සේලාගේ ගුණයට පැහැදිලා කීකරු සේවකයන් වගේ වතාවත් කරනවා නොවැ. අනේ මුන්වහන්සේලාගේ පැවිදි ජීවිතය මොනතරම් උතුම් ද! තමනුත් සසරෙන් ගැලවිලා තමන්ට සිව්පසයෙන් උපස්ථාන කරන අයටත් සුගතිය සලසනවා. අහෝ! අප භාග්‍යවතුන් වහන්සේගේ ධර්මය නිසා ම යි මේ ආශ්චර්යය වුනේ' කියලා ඒ මහනදුරු සෙනසුනේ සිටි භික්ෂූන් වහන්සේලා ගැන සිත ගොඩාක් පහදවා ගත්තා.

ඉතින් දරුවනේ, ඊටපස්සේ තිස්ස ඇමතියා ආපහු අනුරාධපුරයට ගොහින් අපේ දුටුගැමුණු රජ්ජුරුවන්ව බැහැදැක්කා. මෙහෙම කිව්වා. "දේවයන් වහන්ස, මං අපේ කඩොල් ඇතාව දැක්කා. හරි පුදුමයි දේවයන් වහන්ස, ඒ ඇත්රජා කීකරු සේවකයෙක් වගේ මහනදුරු සේනාසනයේ ඉන්න භික්ෂූන් වහන්සේලාට වතාවත් කරනවා නොවැ."

අපේ දුටුගැමුණු රජ්ජුරුවෝ කඩොල් ඇතාගේ ගතිගුණ ගැන දන්නවා නොවැ. රජ්ජුරුවෝ මෙහෙම කිව්වා. 'එසේ නම් තිස්සයෙනි, ඔබ ම නැවත යන්න. ගිහින් අපේ ඇත්රජාව කැඳවාගෙන එන්න.'

ඉතින් දරුවනේ, එතකොට තිස්ස ඇමතියා උක්සකුරු, ඉඳුණු පළතුරු ආදිය අරගෙන මහනදුරු සේනාසනයට ගියා. ගිහින් පළතුරු මිරිකා යුෂ අරගෙන උක්හකුරු සමග භික්ෂූන් වහන්සේලාට මහා ශ්‍රද්ධාවෙන් පූජා කරගත්තා. කඩොල් ඇතාවත් කැඳවාගෙන අනුරාධපුරයට ගියා. එදා තිස්ස අමාත්‍යයා සංඝයා උදෙසා පූජා කොරගත්තු ගිලන්පස පූජාව විතරයි හොඳට ම කරගත්තු පින. බලන්ට දරුවනේ, පිනක මහිම. ඒ තිස්ස අමාත්‍යයා මිය ගියාට පස්සේ ආයෙමත් මනුස්ස ලෝකෙට ම ආවා. අනුරාධපුරේ ම උතුරු පැත්තට වෙන්ට අඹවිටි කියලා ගමක් තිබුනා. ඒ ගමේ ධනවත් පවුලක පුතෙක් වෙලා උපන්නා. දෙමව්පියන් මේ දරුවාට තිස්ස යන නම දැම්මා.

ඉතින් මේ තිස්ස තරුණ වයසට පත් වුනාට පස්සේ දෙමාපියන් ගැලපෙන තරුණියක් කසාද බන්දලා දුන්නා. නමුත් සසරේ පුරුද්දට වගේ තිස්ස නිතර නිතර අපේ ස්වාමීන් වහන්සේලා ඇසුරු කළා. සසරින් මුදවන ධර්මයත් ඇසුවා. මෙයාගේ සිත ගිහි ජීවිතේට ඇලුනේ නෑ. බිරිඳගෙන් අවසර අරගෙන පැවිදි වුනා. කලින් ආත්මේ තිස්ස ඇමතියා පැහැදුනේ ධුතාංගධාරී භික්ෂූන් වහන්සේලාටයි. ඒ නිසා මේ තිස්ස තෙරුන් ඉතාම ඕනෑකමින් ධුතාංග සමාදන්ව සිටියා. ඒ නිසා ම 'ප්‍රතිපත්තිසාර තිස්ස තෙරුන්' කියලා මේ ස්වාමීන් වහන්සේ ප්‍රසිද්ධ වුනා.

ඉතින් දරුවනේ, දවසක් මේ තිස්ස තෙරුන් වහන්සේ තවත් භික්ෂූන් වහන්සේලාත් සැදැහැවත් පිරිසකුත් සමග දඹදිව වන්දනාවේ යන්ට නැව් නැගලා පිටත් වුනා. අනේ මේ ඇත්තෝ නැවේ යද්දි පානය කරන්ට ගෙනිච්ච වතුර අතරමගදී අවසන් වුනා නොවැ. තවම නැව මුහුදේ. තිස්ස තෙරුන්ට ගොඩාක් පිපාසේ ඇතිවුනා. වළඳින්ට පැන් ටිකක් සොයා බැලුවා. නැවේ කා ළඟවත් පැන් නෑ. මුන්නාන්සේට හොඳටම පිපාසයි. බැරිම තැනේදි අනේ අපොයි පාත්තරේ මුහුදු දියට පාත් කරලා මුහුදු වතුර ටිකක් ගත්තා. හිත හදාගෙන වළඳන්ට සූදානම් වුනා විතරයි දරුවනේ, මහා ආශ්චර්යයක් නොවැ වුනේ. පාත්තරයට ගත්තු ඒ මුහුදු වතුර ඉතාම මිහිරි පානීය ජලය බවට පත්වුනා. ඉතින් තිස්ස තෙරුන් කුසපුරා පැන් වැළඳුවා. නැවේ හැමෝටම පැන් දුන්නා. ඒ පාත්තරෙන් මොනතරම් පැන් දුන්නත් අඩු වුනේ නෑ.

වන්දනා පිරිස ඉතාම සතුටින් දඹදිව වන්දනා කරගත්තා. ඒ වන්දනා ගමනේදීත් ආපසු එනකොටත් හැමෝටම ලැබුනේ තිස්ස තෙරුන්ගේ පාත්තරෙන් ගත් මිහිරි ජලයයි. තිස්ස තෙරුන්ට හරිම සතුටුයි. ඒ ආත්මේ ඉතා හොඳින් මහණදම් පුරාගෙන අපවත් වුනාට පස්සේ දෙව්ලොව උපන්නා. දෙව්ලොවේදීත් තිස්ස දිව්‍යපුත්‍රයාගේ විමානයේ තිබුන පැන් ඉතාම මිහිරි රසයෙන් යුක්ත වුනා. අනිත් දෙවිවරු ඇවිත් තම තමන්ගේ විමානවලට පැන් අරගෙන ගියේ තිස්ස දෙව්පුතුගේ විමානයෙන්.

ඕං බලන්ට දරුවනේ පින විපාක දුන්නු හැටි. මේ ලෝකේ ශ්‍රද්ධාව ඇති අය, පින ගැන අවබෝධය ඇති අය ස්වල්ප වූ නමුත් පැන් පූජාව මහත් ශ්‍රද්ධාවෙන් සිදු කරනවා. බොහෝම දන්පැන් පුදනවා නම් කොහොම

විපාක ලැබේද කියලා අපේ ආච්චි ඉතා මිහිරට මේ කවිය කිව්වා.

සිත පහදා ගෙන ලොවේ ටිකක් නමුත් පැන්   පුදා
රැස් කර ගත් පින පසුපස ආවේ ම ය සැප   සදා
පිදුවේ නම් යමෙක් බොහෝ දානය සතුටින්   මෙදා
එයින් ලැබෙන මහ විපාක කොහොම කියන්නද   සදා

(සද්ධර්මාලංකාරය ඇසුරිනි)

06

දැන් දවස් කීපයක ඉඳන් අපේ ආච්චි සෑහෙන්ට සූදානම් වුනා. අද නම් ආච්චිට හරිම සතුටුයි වගේ. ආච්චිට විතරක් නෙවි, අපටත් සතුටුයි. ඇයි අද නොවැ අපේ පන්සලට හීල් දානය පූජා කරන දවස. පාන්දර පටන් ම අම්මයි අප්පච්චියි ආච්චියි හැමෝම කුස්සියේ වැඩ. ඇත්තෙන්ම දානෙ දවසට මුළු ගෙදර ම සුවඳයි. ඉතින් අපේ ආච්චි කැකුලු බත් හදලා ඉඳි ආප්පත් හදලා මාළු ඇඹුල් තියල් හැදුවේ හරී සතුටින්. අපේ අම්මාට නම් ඉතාම රසට කිරි හොදි හදන්ට පුළුවනි. පොල් සම්බෝලෙකුත් හැදුවා. දානය භාජනවලට දාලා සුදු පිරුවටවලින් එතුවා. පළතුරුත් සුදු පිරුවටෙන් එතුවා.

"ඇයි ආච්චි.... මේවා සුදු පිරුවටෙන් ඔතන්නේ?" "පුතේ.... අපි දානෙ පූජා කරන්නේ භාග්‍යවතුන් වහන්සේගේ ශ්‍රාවකයන් වහන්සේලාටයි. ඉතින් පුතේ, එක නමකට දානෙ ටිකක් පූජා කරගත්තත් කමක් නෑ. හිතන්ට ඕනෑ භාග්‍යවතුන් වහන්සේගේ ශ්‍රාවක සංඝ රත්නය උදෙසා පූජා කරනවා කියලයි. උන්වහන්සේලා පුද පූජාවන්ට සුදුසුයි නොවැ."

හැමෝම ඒ අදහසට එකඟ වුනා. අපිත් ඉතා සතුටින් සුදු වත් හැඳගෙන උදේ ම පන්සල් ගියා. "අම්මේ.... ආන්න අර පුංචි සාදු කෙනෙක්.... අර බෝ

මළුව අමදිනවා" "ඔව් පුතේ.... ඒ අපේ පොඩි ස්වාමීන් වහන්සේලා වත් කරනවා. වත් කරන්ට එපායැ සිල් රකිනකොට."

එතකොට ඒ පොඩි ස්වාමීන් වහන්සේ අපි දිහා බලලා ලස්සනට හිනා වුනා. ඒ හිනාව හරිම අහිංසකයි. පියකරුයි. උන්වහන්සේගේ සිනහව මට තාමත් මතක් වෙනවා. ඉතින් අපි දානෙත් අරගෙන දාන ශාලාවට ගියා. අම්මයි අප්පච්චියි හනිකට බුද්ධ පූජාව පිළියෙල කළා. බුද්ධ පූජාව විහාරයට වඩම්මද්දි මුතුකුඩේ ඇල්ලුවෙත් අප්පච්චි ම යි. මට මල් වට්ටියක් ලැබුනා. අපි හැමෝම ඉතිපි සෝ භගවා යන බුදු ගුණ කියමින් විහාරයට ගොඩ වුනා. මුළු විහාරෙම මල් සුවඳයි. විහාරෙ ඇතුලේ ඉන්නකොට හිතෙන්නේ පිපී සුවඳ හමන මල් ගුලාවක ඉන්නවා කියලයි. මං නම් හරිම ආසයි. එදා හීල් දානෙ පූජා කරලා හැමෝම සතුටෙන් ගෙදර ආවා.

"අම්මේ.... පොඩි සාදුලත් එතකොට සිල් රකිනවාද?"

"ඔව් පුතේ.... පොඩි උන්නාන්සේලාගේ සිල් ගැන ආච්චිගෙන් අහන්නකෝ."

"ආච්චියේ.... මොනාද ආච්චියේ පොඩි සාදුලාගේ සිල්?"

"මයෙ පුතේ... දැන් අපි රකින්නේ පන්සිල් නොවැ. පුංචි උන්නාන්සේලා එහෙම නෙවි. සිල් පද දහයක් රකිනවා. සිල් පද දහයක් රක්ෂා කොරනවා කියන්නේ මහානුභාවසම්පන්න වැඩක්."

"එතකොට ආච්චියේ.... ලොකු සාදුලා රකින්නේ මොන සිල් ද?"

"පුතේ, අපේ ලොකු ස්වාමීන් වහන්සේලා වයස විස්සෙදි උපසම්පදා වෙනවා. හප්පා.... ඒවාට තමයි සිල් කියන්නේ. හරිම බරපතලයි. කෝටියක් සංවර සිල් කියලයි කියන්නේ. මහා බලසම්පන්නලු. පොඩි නමලා රකින සීලෙට කියන්නේ සාමණේර සිල් කියලයි."

"ඉතින් ආච්චියේ... ලොකු සාදුලා සාමණේර සිල් ගන්නෙ නැද්ද?"

"ඒක මෙහෙමයි පුතේ.... මං ඔයාට ඔය ගැන ලස්සන කථාවක් කියන්නම්. හොඳට අහගෙන ඉන්ට ඕනෑ.

ඕන්න ඉස්සර.... ලංකාවේ යාපනේ පළාතේ නාග මහා විහාරය කියලා විශාල පන්සලක් තිබුනා. මේ පන්සලේ තිස්ස කියලා පොඩි නමක් හිටියා. මේ පොඩි උන්නාන්සේ සංඝයාට උපස්ථාන කරන්ට හරිම ආසයි. වත් පිළිවෙත් කරන්ටත් හරිම ආසයි. ඒ නිසා ම විසි වයසෙදි උපසම්පදා වුනෙත් නෑ. දිගටම සාමණේරව හිටියා.

ඉතින් මේ තිස්ස සාමණේරයෝ තමයි දන්හල භාරව සිටියේ. දන්හලේ ගබඩාවත් භාර වුනේ උන්නාන්සේට ම යි. මිනිසුන් පූජා කරන පිරිකර වැඩක් ගන්ට බැරිව පරණ වෙලා යනවාට උන්නාන්සේ කැමති වුනේ නෑ. එතකොට කැපකරුවන් ලවා ඒ බඩුබාහිරාදිය වියදම් කෙරෙව්වා. සංඝයා උදෙසා ලස්සනට දාන ශාලාව හැදුවා. බේත්හේත් පූජා කළා. ඇඳපුටු පූජා කළා. සිව්පසයෙන් උපස්ථාන කළා. නිතරම තිස්ස සාමණේරයෝ සිතුවේ සංඝයාට උපස්ථාන කරන්නේ කොහොමද කියන කාරණය. ඒ ගැනමයි සතුටු වුනේ. ඔය විදිහට පින් කරලා පුතේ

උන්නාන්සේ වයසට ගොහින් අපවත් වුනා. ඒ නාග මහා විහාරය අසබඩ පර්වතයේ අතුපතර විහිදී ගිය මහා නුග රුකක් තිබුනා. ආන්න ඒ නුග රුකේ බලසම්පන්න රුක් දෙවියෙක් වෙලා උපන්නා.

ඉතින් මයෙ පුතේ.... ඒ තිස්ස සාමණේරයෝ දෙවියෙක් වුනාට පස්සෙත් ප්‍රසිද්ධ වුනේ තිස්ස දිව්‍ය පුත්‍රයා කියලයි. හප්පා.... මයෙ පුතේ, වෘක්ෂ දේවතාවෙක් වුනාට ඒ දෙවියා මහා බලසම්පන්නයි. ලස්සන ම ලස්සන දිව්‍ය අප්සරාවියක් පාදපරිචාරිකාව වෙලා හිටියා."

"ආච්චියේ.... කවුද ආච්චියේ පාදපරිචාරිකාව කියන්නේ?"

"මයෙ පුතේ.... ඒ කිව්වේ දෙව්පුතුගේ බිරින්දෑ. ඒ වගේම උපස්ථානෙට මහා දිව්‍ය පිරිසකුත් හිටියා. ඉතින් මෙයාලා ඉතා සතුටින් ප්‍රීතියෙන් කල් ගෙව්වා.

දවසක් පුතේ, භික්ෂූන් වහන්සේලා හැට නමක් පහළ ගමට පිණ්ඩපාතේ වැඩියා. අනේ අපොයි එදා උන්නාන්සේලාට දානෙ පොඩ්ඩක් ලැබුනේ නෑ. සෝදාගත්තු පාත්තරේ පිටින් ම ආපසු වඩිනවා මේ තිස්ස දෙවියන්ට දකින්ට ලැබුනා. එතකොට තම බිරිඳ වූ දෙව්දුවට කථා කළා. "දේවි.... අර.... අර බලන්ට.... අර සංගරුවන ශාන්තව වඩින තපෝ ලීලාව. කිසි කලබලයක් නෑ. නමුත් දන්නවද? උන්වහන්සේලාගේ පාත්තරවල මොකුත් නෑ. අද දානෙට මොකවත් ලැබිලා නෑ. දේවි.... මං පැවිදි වෙලා ඉන්දෙද්දි විහාරයට පූජා කළ පිරිකර වියදම් කරලා ප්‍රණීත දන්පැන් දුන්නා. දානෙ වේලක් කවරදාකවත් වැරැද්දුවේ නෑ. ඉතින් දේවි, අපට මේ දිව්‍ය සම්පත් ලැබුනේ අපි උපයාපු දෙයක් දීලා නෙමෙයි.

අනුන්ගේ දේවල් වියදම් කොට දානෙ දීමෙනුයි. ඉතින් දේවි.... දැන් අපිට ම කියලා දිව්‍ය සම්පත් තියෙනවා නොවැ. මේ සඟරුවන භාග්‍යවතුන් වහන්සේගේ ශික්ෂාකාමී ශ්‍රාවකයෝ. කෙලෙස් සතුරන් නසන යුධභටයෝ. ඉවසීමෙහි මෛත්‍රියෙහි සෙන්පතිවරු.... බලන්ට උන්වහන්සේලා ශාන්තව වඩින අයුරු. නමුත් අපි උපකාර නොකළොත් බඩසා දුකින් මිරිකෙමින් දුකසේ පිළිවෙත් පුරාවි..... නෑ.... අපි වෙස් වළාගෙන ගිහින් දානෙ දෙමු."

ඉතින් පුතේ, ඒ දෙන්නා මිනිසුන්ගේ වෙස් ගත්තා. හනික භික්ෂූන් වහන්සේලා ළඟට ගියා. උන්වහන්සේලාට වන්දනා කොළා. "අනේ.... ස්වාමීනී, ඔබවහන්සේලාට දානෙ ලැබිලා නෑ වගේ. හපොයි හපොයි.... අනේ වඩින්න ස්වාමීනී මේ කන්ද පැත්තට.... ආන්න අර නුග රැක පැත්තට.... අපට දානෙ දෙන්ට පුළුවනි."

එතකොට පුතේ, එතන සිටිය මහ තෙරුන්නාන්සේ මෙහෙම කිව්වා. "පින්වත.... ඔය කඳුවැටියේ මහ නුගේ තියෙන පැත්ත ගැන නේද කියන්නේ....? ඒ පැත්තේ මිනිස්සුන්ගේ වාසයක් නෑ නොවැ.... අපි දන්නා තරමින් ඒ පැත්තේ ගෙවල් නෑ."

"අනේ නෑ ස්වාමීනී.... අපි එතන ඉන්නේ. ඔහොම ඩිංගිත්තක් ඒ පැත්තට වඩින්ටකෝ."

භික්ෂූන් වහන්සේලා එතනට වඩිද්දි ඒ නුග රැක් සෙවනේ මහ විස්මිත අලංකාර මණ්ඩපයක් තිබුනා. දිලිසෙන වස්ත්‍රවලින් සරසලා තිබුනා. කිසිදා නොදුටු සුවඳ මල්වලින් තැනින් තැන ලස්සන කරලා තිබුනා. ඉතා සුව පහසු යහන් පනවලා තිබුනා. ඒ විතරක්

නෙමෙයි පුතේ, ඒ වෙලාවේ රිටිගල වනාන්තරේ හිටිය මහාසුමන කියන දිව්‍යපුත්‍රයාත් පිරිවර සේනාව සමග රාජායතන චෛත්‍යයත් වන්දනා කරගෙන තිස්ස දිව්‍ය පුත්‍රයාවත් බලන්ට යාපනේට එන ගමන්. ඒ දෙවියොත් දානෙට සම්බන්ධ වුනා. අර දෙන්නා මිනිස් වෙස් නැතුව දිව්‍ය වෙස් ගත්තා. මිහිරි සුවඳ විහිදෙන ප්‍රණීත වූ දිව්‍ය ආහාරපානයන්ගෙන් භික්ෂූන් වහන්සේලාට උපස්ථාන කළා. දන් වළඳා අවසානයේ මහ තෙරුන් වහන්සේ මෙසේ වදාළා.

"පින්වත් දිව්‍ය පුත්‍රයෙනි, තොපගේ දිව්‍ය විමානය හැබෑවට ම දැකුම්කලුයි නොවැ. සත්රුවනින් ම අලංකාර කරලා. දිව්‍ය නාටිකාංගනාවන් නොයෙක් වාද්‍යවෘන්දයන් මැද තාලයට රැඟුම් දක්වනවා. සිනිඳු යහනාවල සිටින තොපට උපස්ථාන කරන්ට බොහෝ දෙව් පිරිස් ඉන්නවා.... හැබෑවටම දිව්‍යපුත්‍රය, මෙතරම් දෙව්සැප ලබන්ට පෙර ආත්මේ තොප කළ මහා බලසම්පන්න පින කුමක්ද?"

"අනේ ස්වාමීනී.... මාත් ඔය නාග විහාරයේ ම පැවිදි වෙලා හිටියේ. ඒ කාලේ මට කිව්වේ තිස්ස සාමණේරයෝ කියලයි. මං ඉතාම ආදරයෙන් සඟරුවනට උපස්ථාන කළා. සැදැහැවතුන් පූජා කළ පිරිකර නිරපරාදේ නාස්ති වෙනවාට මං කැමති වුනේ නෑ. ඉතින් මං ඒවා වැනසෙන්ට නොදී ඒ මුදලින් ඉතා අලංකාරව දාන ශාලාව සකස් කළා. උණුපැන් සිසිල් පැන් පිළියෙල කළා. වියන් බැන්දා. හීලට පැණිකැවුම්, කැඳ, අවුලුපත් පිළියෙල කෙරෙව්වා. දහවල ප්‍රණීත ආහාරපානයන් පිළියෙල කෙරෙව්වා. ඉතා ශ්‍රද්ධාවෙන් දන්පැන් පිදුවා. උන්වහන්සේලා ඉතා සුවසේ වත් පිළිවෙත් කළා. බණ දහම් ඉගෙන ගත්තා. ගුණදහම් පිරුවා. ස්වාමීනී, මට ඒ

ගැන සිතනකොට දැනුත් හරීම සතුටුයි. ඉතින් ස්වාමීනී, මං මේ දිව්‍ය සැප ලැබුවේ අනුන්ගේ පිරිකර වියදම් කොට දානය පූජා කිරීම නිසයි."

"දිව්‍යපුත්‍රය, තොපගේ මේ අසිරිමත් දෙව්සිරිසැප අනාගතයේ කොතෙක් කල් විඳීවිද?"

"අනේ ස්වාමීනී.... මං දානය පූජා කළේ භාග්‍යවතුන් වහන්සේගේ සංඝයා උදෙසා ම යි. සංඝයාට පිදූ දානයේ විපාක අනන්තයි නොවැ. මේ ආකහේ කෙළවරක් පෙනෙන්නේ නෑ වගේ. භාග්‍යවතුන් වහන්සේ වැඩසිටි සේක් නම් උන්නාන්සේට පමණක් මේ පින්වල අවසානය වදාරන්ට පුළුවන් වේවි."

ඉතින් පුතේ.... ඕන්න ඔහොමයි තිස්ස දිව්‍ය පුත්‍රයා මහ තෙරුන්නාන්සේට උත්තර දුන්නේ. ඒ නිසා දානයක් දෙනවා කියන්නේ නිකාම් කන්ට බොන්ට දීමක් නෙමෙයි. භාග්‍යවතුන් වහන්සේගේ ශ්‍රාවකයන්ගේ ගුණ මෙනෙහි කරමින් පින් කෙත හඳුනාගෙන සතුටු සිතින් දන්දීමයි. ඉතින් පුතේ, ඔයාලත් කුඩා අවදියේ ඉඳලා අපි කරන පින් හොඳින් බලාගෙන ඉගෙන ගන්ට.

(සද්ධර්මාලංකාරය ඇසුරෙනි)

07

එදා අපේ ආච්චි ගොඩාක් කණගාටුවෙන් වගේ සිටියේ. මොකාක් දෝ බරපතල කල්පනාවක් ආච්චිගේ සිතේ තිබුන බව පෙනුනා.

"ඈ... ආච්චි... මොකද මේ? වෙනදා වගේ සතුටක් නැති පාටයි. මොකාක් නමුත් ලොකු ප්‍රශ්නයකින් ආච්චිට පීඩාවක් ඇතිවෙලා වගෙයි."

"හ්ම්... ඔව් මයෙ පුතේ... ඔයාලා දන්නව නේ පන්නිපිටියේ අල්විස් ආච්චි ගැන."

"ඔව්... ටික කාලෙකට කලින් ඒ ආච්චි මළා නේද? ඇයි අපිත් මළ ගෙදර ගියේ."

"ඒක හරි පුතේ... දැන් දන්නවා ද අල්විස් ආච්චිට වෙච්චි දේ? මං ඒ කාලෙ ම කිව්වා අසප්පුවට යමං. ධර්මය ඉගෙන ගනිං. ඉවසීමත් මෛත්‍රියත් පුරුදු කරපං කියල. කෝ... ඇහැව්වෙ නැහැ නොවැ. එක් එක්කෙනාගෙ අසත්පුරුෂ අවලාද ඇත්තක් ය කියල පිළිඅරගෙන මාත් එක්ක වාදෙට ආවා. සිල්වතුන්ට ත් ගැරහුවා. අපහාස කර කර හිටියා.... අයියෝ.... මදෑ කරගත්තු හරිය!"

"ඇයි ආච්චියේ... අල්විස් ආච්චිට මොකද වෙලා තියෙන්නෙ? අපායේ ඉපදිලා වත් ද?"

"වෙන මොකක්ද...? ආන්න පෙරේතියක් වෙලා බාල දූට වැහෙනවා. දැන් අඬ අඬ පිං ඉල්ලනවා. කන්ට නැහැලු. බොන්ට නැහැලු. ඇඳුම් නැහැලු. දුකසේ ලබාගත්තු මනුස්ස ජීවිතෙන් නියම පොරෝජනේ ගත්තේ නෑ නොවැ."

"මොකක්ද ආච්චියේ මනුස්ස ජීවිතෙන් ලබාගන්ට තියෙන නියම ප්‍රයෝජනය?"

"ඇයි දරුවෝ.... අපට ඉතාමත් කලාතුරකින් නොවැ මේ ගෞතම බුද්ධ ශාසනේ ලැබුනේ. ඉතින් හොඳ හැටියට තෙරුවන් සරණ යන්ට එපායැ. තෙරුවන් කෙරෙහි බලවත් විශ්වාසයක්, පැහැදීමක්, ශ්‍රද්ධාවක් ඇතිකර ගන්ට එපා යැ. ඒක ම යි මේ මනුස්ස ආත්මෙන් පොරෝජන් ලබනවා කියන්නේ.... හප්පේ.... මහමෙව්නාවට නොගියා නම් අපටත් ඔච්චර තමයි වෙන්නේ. තිසරණේ වටිනාකොම මං දැනගත්තෙත් එහෙට යන්ට පටන් ගත්තාට පස්සේ නොවැ.... මට පුතේ.... මේ වෙලාවේ.... ලස්සන කතාවක් මතක් වුනා. සද්ධර්මාලංකාරේ කියවද්දී තමයි මට මේ කතාව කියවන්ට ලැබුනේ."

"අනේ ආච්චියේ.... ඒ ලස්සන කතාව අහන්ට අපිත් හරි ආසයි."

"ඒක වුනේ මෙහෙමයි පුතේ. අපගේ සම්මා සම්බුදුරජාණන් වහන්සේ පිරිනිවන් පා වදාළාට පස්සෙයි මේ සිද්ධිය වුනේ.

කොසොල් රාජ්‍යයට අයිතිව කුණ්ඩ කියලා ගමක් තිබුණා. ඔය ගමේ බුද්ධදාස කියලා ඉතාම සැදැහැවත් උපාසකයෙක් වාසය කළා. මෙයා බුදුන් සරණ ගියේ

මෙහෙමයි. "මං මගේ පණ කෙන්ද තියෙන තුරා බුදුරජාණන් වහන්සේව සරණ යමි. බුද්ධ රත්නය මට තියෙන ඒකාන්ත පිහිටයි. බුද්ධ රත්නය මට ඇති එක ම ආරක්ෂාව යි. එක ම රැකවරණය යි!' කියල. ඔය විදිහට තමුන්නේ මුළු ජීවිතේ ම රත්නත්තරේට පූජා කොරගෙන වාසය කොළා.

දවසක් ඔය බුද්ධදාස උපාසකගේ ගෙදරට යාළුවෙක් ආවා. ඉතා දුර පළාතකින් මෙයා ආවේ. ඇවිදින් බුද්ධදාසගේ ගෙදර ටික දොහක් නවාතැන් ගත්තා. හැබැයි මේ ආගන්තුක මනුස්සයාට කාලයක් තිස්සේ යක්ෂ දෝෂයක් තියෙනවා. ඇඟට යකෙක් වැහෙනවා. මුන්දැට හරියට දුක් කරදර පීඩා ඇති කරනවා. මේ මනුස්සයා බුද්ධදාස උපාසකගේ ගෙදරට ආ දවසේ ඒ යකා ගම් සීමාවේ නැවතුනා. උපාසකගේ ගුණ තේජස නිසා ඒ ගමටවත් ඇතුළුවෙන්ට යකාට බැරි වුනා. අර මනුස්සයා ආපහු හැරිලා එද්දී අල්ලාගන්ඩඕනෑ කියලා යකා ගම් සීමාවට වෙලා රැකගෙන හිටියා.

ඒ මනුස්සයා බුද්ධදාස උපාසකගේ ගෙදර සතියක් වාසය කළා. ඒ සතිය පුරා මෙයාට කිසි කරදරයක් පීඩාවක් ඇති වුනේ නෑ. ඇයි දැන් යකා ඇඟේ නෑ නොවැ. අටවෙනි දවසේ ඒ ගමෙන් පිටත් වෙද්දී හරියට ණයකාරයෙක්ව මග රැකලා හිට අල්ලාගන්නවා වගේ මේ මිනිහාව අල්ලපි. යකා මිනිහාගෙන් මෙහෙම ඇහැව්වා.

"හහ්... හා... ඈ බොල.... තෝ මොකදෑ මෙතෙක් දවස් නාවේ? තෝ එනකල් සතියක් ම මට මෙතැන ඉන්ට වුනා නොවැ."

"අනේ යක්ෂය... ඇයි නුඹ මට මේ හැටි වද දෙන්නේ? මේ අසරණ මාව ග්‍රහණයට ගැනීමෙන් නුඹට ඇති පොරෝජනේ මොකක්ද? මොනාද නුඹ මගෙන් දැන් ඉල්ලන්නේ?"

"මට හොඳටෝම බඩගිනියි. මං සතියක් ම සාගින්නේ නොවැ. මට දැන් බත් කන්ට දීපං."

"අයියෝ යක්ෂය.... මට බුද්ධදාස උපාසකගේ ගෙදරදී කීවා නම් අපූරුවට බත් දෙන්ට පුළුවන්කොම තිබුණා නොවැ. මේ වේලාවේ දැන් මගේ අතේ මොකෝවත් නෑ නොවැ."

"හප්පා.... මං කොහේ එන්ට ද. තෝ නැවතිලා හිටිය ගෙදර උන්නු උපාසකගේ තේජස නිසයි මට ඒ ගම් මායිමටවත් එන්ට බැරි වුනේ. හප්පා.... ඒකා බුදුන් සරණ ගොහින් නොවැ ඉන්නේ. මට... ඒ පැත්තවත් බලන්ට බෑ."

"අනේ යක්ෂය, බුද්ධදාස උපාසක බුදුන් සරණ යන්නේ කොහොමද කියල නුඹ දන්නවා ද?"

"මොකෝ මිනිහෝ මං නොදන්නේ? ඒකා බුදුන් සරණ යන්නේ මේන්න මෙහෙමයි. 'ඒ භාග්‍යවත් අරහත් සම්මා සම්බුදුරජාණන් වහන්සේව මං සරණ යනවා. බුද්ධං සරණං ගච්ඡාමි...' කියලයි. ඕන්න ඔය විදිහට යි ඒකා බුදුන් සරණ යන්නේ."

එතකොට පුතේ ඒ මිනිහා හිතුවා 'හරි මේ යකාගෙන් බේරෙන්ට නම් මාත් බුදුන් සරණ යන්ට ඕනෑ' කියල. ඉතින් ඒ මිනිහා මහා හඬින් කෑගහලා මෙහෙම

කිව්වා. "යක්ෂය.... මේ මොහොතේ පටන් මම ත් ඒ භාග්‍යවත් අරහත් සම්මා සම්බුදුරජාණන් වහන්සේ සරණ යනවා. බුද්ධං සරණං ගච්ඡාමි" කියලා කිව්වා. මෙතෙක් වේලා තමන්ට පෙනි පෙනී කතා කොරාපු ඒ යක්ෂයා බියට පත්වුනා. කෑගහලා වෙව්ලන්ට පටන් ගත්තා. නොපෙනී ගියා. යකා ගියා ගියා ම යි. ආයෙ කවදාකවත් ඒ මිනිහාට ආවේශ වුනේ නෑ.

ඉතින් පුතේ, ඒ මනුස්සයාට මේ වෙච්චි දේ ගැන පුදුමෙනුත් පුදුමයි. ආපහු හැරිලා බුද්ධදාස උපාසකගේ ගෙදර ගියා. ගිහින් මේ සිද්ධිය කියා හිටියා. එදා පටන් මේ මනුස්සයාත් ජීවිත පූජාවෙන් බුදුරජාණන් වහන්සේව සරණ ගියා. ධර්මයත් සරණ ගියා. ශ්‍රාවක සංඝ රත්නයත් සරණ ගියා. සැදැහැවත් උපාසකගේ ඇසුර නිසා තවත් බොහෝ පින් දහම් රැස්කරගත්තා.

බලන්ට පුතේ, ඒ මනුස්සයාගේ වාසනාව පෑදුනු හැටි. උතුම් තිසරණයේ හොඳාකාරව පිහිටා සිටිය ආනුභාවයෙන් නිදා පිබිදියා වගේ මරණින් මතු දෙවියන් අතර උපන්නා.

ඉතින් පුතේ, මට මේ කතාව මතක් වුනේ එක එකාගේ අවලාද හිස් මුදුනින් පිළිඅරගෙන, තමන්ට තිසරණයත් නැති කොරගෙන, පින් දහම් කරන්ට ඇති දුර්ලභ අවස්ථාවත් නැති කොරගෙන අපේ අල්විස් අක්කා කරගත්තු හරිය. හනේ හපොයි!"

"හැබෑට ම ආච්චියේ... අල්විස් ආච්චිට නම් වුනේ මහා අවාසනාවක් තමයි. වැරදුනොත් වැරදුනා ම නොවැ. දැන් කව්ද ඉන්නේ අල්විස් ආච්චිව බේරාගන්ට..."

"කාටවත් බෑ පුතේ.... ඒකනේ බුදුරජාණන් වහන්සේ වදාළේ තමා තමයි තමන්ට උපකාර කරන එක ම කෙනා කියලා. 'අත්තා හි අත්තනෝ නාථෝ' කියල වදාළේ ඒකයි. තමා තමන්ට උපකාර ගත යුත්තේ මුළු හිතින් ම තෙරුවන් සරණ යාම තුළින් නොවැ" කියලා ආච්චි දිගු සුසුමක් පිට කළා!

08

අපේ ආච්චි රසට අග්ගලා හදන්ට දන්නවා. දවසක් ආච්චි අග්ගලා හැදුවා. එදා මුළු ගෙදර ම සුවඳයි. හාල් බැදලා බොහෝම පිළිවෙළකට අපේ ආච්චි අග්ගලා හදන හැටි අපි බලාගෙන හිටියා. ඊටපස්සේ ඒ අග්ගලා ගුලි බොහෝ ම ලස්සනට පෙට්ටියකට ඇසුරුවා.

"කෝ... ඔය දරුවොත් මෙහෙට එන්න. ආ... මේ අග්ගලා කන්න."

"ආච්චියේ.... දැන් ඔය පෙට්ටියේ ඇසුරුවේ කාට ගෙනියන්ට ද?"

"දරුවෙනි.... දැන් ඔයාලා දන්නවා නේ මං ගොඩාක් බණදහම් දන්නා වග."

"ආපෝ.... අපි විතරක් යැ දන්නේ.... දවසක් අපේ අප්පච්චි ආච්චිට කිව්වේ 'අම්මා දැන් හරි බණකාරියක්' කියලා."

එතකොට ආච්චි මලක් පිපුනා වගේ ලස්සනට හිනාවුනා. "ඔව් පුතේ... දැන් නම් මාත් බණකාරියක් තමයි. හැබැයි පුතේ මීට අවුරුදු පහළොවකට ඉස්සරියෙන් නම් මං පන්සිල් පද පහේ තේරුමවත් දැනගෙන හිටියේ නෑ... දැන් නම් චතුරාර්ය සත්‍යය, පටිච්ච සමුප්පාදය වගේ

65

මහා ගාම්භීර දේ පවා අපි දන්නවා නොවැ.... ඒක නේ පුතේ.... මං මේ අග්ගලා හදාන සූදානම් වෙන්නේ...!"

"ඇයි ආච්චියේ අග්ගලා හදාන සූදානම?"

"මයෙ දරුවනේ... කළුතර ඉන්නවා මං හඳුනන නංගියෙක්. අනේ.... එයා තමයි මාව මේ දහම් වැඩසටහන්වලට ඉස්සෙල්ලා ම එක්කරගෙන ගියේ.... මං එදා ඉඳලා මොන පින්කමක් කළත් ඈට පින් දෙනවා.... අපි ගම්පහ ආවාට පස්සේ ඈ බලන්ට ගියේ නෑ. මං මේ ඈ බලන්ට යන්ටයි මේ අග්ගලා හැදුවේ. මයෙ දරුවනේ.... ඉස්සර කාලෙ කපුටන්ටත් කෙළෙහි ගුණේ තිබිලා තියෙනවා."

"අනේ ආච්චියේ, අපිත් ආසයි ඒ කෙළෙහි ගුණ දන්නා කපුටන්ගේ කතාව අහන්ට."

"දරුවනේ... රහතන් වහන්සේලා වැඩ ඉන්න කාලේ රුහුණු රටේ මාගම්පුරේ තිසාවැවට යටි පැත්තේ කපුටු බෝ ගසක් තිබුණා."

"කපුටු බෝ කියන්නේ ඇයි ආච්චියේ?"

"පුතේ... කපුටු බෝ කියන්නේ අපේ ජය සිරිමා බෝරජුන්ට අයිති වෘක්ෂයක් නොවෙයි. කපුටෙක් බෝගෙඩි කාලා වසුරු කළ තැන හටගත්තු ගසයි... ඉතින් මේ කපුටු බෝධියේ කපුටු කූඩුවක කපුටෙක් වාසය කළා.

දවසක් මේ කපුටා ඈතට පියාඹා ගියා. උතුරු රටේ මණිනාග දිවයිනේ තැන් තැන්වල පියාඹා ගියා. ඒ පළාතේ 'නාග' කියන ගමේ තල්ගසක කූඩුවක සිටිය කපුටියක් එක්ක මේ කපුටා යාළු වුනා. රුහුණු රටේ හිටිය

කපුටාගේ වාසස්ථානෙට කැන්දන් ආවා. මේ දෙන්නා ලැබෙන දෙයක් කාලා සතුටින් වාසය කළා. දවසක් මේ කපුටා වෙනත් කපුටියකගේ කූඩුවක ලැගලා ඉන්නවා අර කපුටි දැක්කා. ඒකිට හොඳටම කේන්ති ගියා.

'මං නම් ආයෙත් නුඹ වැනි කපුටෙක් එක්ක පවුල් කන්ට එන්නේ නෑ' කියලා ඒ කපුටි හඬ හඬා මණිනාග දිවයිනට ම ගියා.

කපුටාට හරිම දුකයි. කපුටා තමාගෙන් වෙච්චි වැරැද්ද ගැන පසුතැවි තැවී හඬ හඬා හිටියා. 'ආයෙත් නම් වෙනත් කපුටියකගේ මූණවත් බලන්නේ නෑ. මං කොහොමහරි මගේ සුදු කපුටිව එක්කරගෙන එනවා' කියලා ඒකිව සොයාගෙන ගියා.

දැන් කපුටාට ගොඩාක් වෙහෙසයි. කපුටාත් අතරමගදී 'තේලිය' කියන ජනපදේ මාතුල කියලා විහාරයකට ගොඩ වුනා. එතන දානශාලාවේ පුටුවක මහතෙරුන්නාන්සේ නමක් වාඩිවෙලා සිටිද්දී මේ කපුටාව දැක්කා. උන්නාන්සේ කපුටු භාෂාව දන්නවා පුතේ. මේ කපුටාත් ගසක අත්තක වහලා තමන්ගේ දුක මෙහෙම කියන්ට පටන් ගත්තා.

ඇඟ පත වේලීයන්නට ශෝකය වැනි තවත් දෙයක්
මේ ලොව නම් නැත්තේ...
ගමන් බිමන් යෑම තරම් වෙහෙස කරන තවත් දෙයක්
මේ ලොව නම් නැත්තේ...
විලි ලැජ්ජාවක් නැති තණ්හා සමාන තවත් දෙයක්
මේ ලොව නම් නැත්තේ...
කුසගින්නේ සිටීම වැනි පීඩා ඇති තවත් දුකක්
මේ ලොව නම් නැත්තේ...

හනේ හපොයි මේ කියනා හැම දුකක් ම
දැන් මා හට ඇත්තේ...
දන් දීමේ සැප විපාක සඟරුවන ම දන්න නිසා
මං ආවා මේ පැත්තේ...

එතකොට මහ තෙරුන්නාන්සේට හොඳටෝම දුක හිතුනා. "හා... හා... කපුටෝ... දුක් වෙන්ට කාරි නෑ. මං තුඹගේ කුසගින්න නිවා දමන්නම්" කියලා පොඩි නමකට කතා කළා.

"අනේ මෙහාට එන්න පොඩිනම.... අර කපුටා මහා බඩගින්නකින් ඉන්නේ. රෙදි කැබැල්ලක් ගෙනැවිත් පාන්තිර ටිකක් අඹරා දෙන්ට" කියලා පහන්වැටි අඹරවාගෙන ඒවා ගිතෙල්වල පෙඟෙව්වා. තැටියක දමා ටිකක් රත් කළා. කපුටාට අනුභව කරන්ට සැලැස්සුවා. කපුටා එය අනුභව කොට ගොඩාක් සතුටු වුනා. කපුටා තෙරුන් වහන්සේට තමන් යන කාරිය කිව්වා.

"අනේ ස්වාමීනී... මගෙන් වෙච්චි වැරැද්දකට අපේ කපුටි මාව දාල ගියා. මං මේ ඈව ආපහු එක්කරගෙන එන්ට යන ගමන්... ඔබවහන්සේ මා හට අනුකම්පාවෙන් කළ උපකාරයෙන් මට මහා සැපයක් දැනුනා. මං ආපසු යද්දී අපේ බිරිඳත් එක්ක එන්නම්" කියා පිටත්ව පියාඹා ගියා. කපුටා නාගදිවයිනට ගිහින් කපුටිත් එක්ක ටික දොහක් වාසය කළා. ආපසු යන්ට කැමති කරවා ගත්තා. එමින් ගමනේදී මාතුල විහාරයටත් ආවා. මහතෙරුන්නාන්සේට ආ බව කියා සිටියා. එදාත් තෙරුන්නාන්සේ කපුටු ජෝඩුවට ම පහන් වැටි අඹරවලා ගිතෙලෙන් පොඟවා රත් කරවා කුස පිරෙන්ට දුන්නා.

ඉතින් පුතේ කපුටු ජෝඩුවට හරිම සතුටුයි. දෙන්නාගේ වෙහෙස සංසිඳී ගියා. එදා කපුටා මහතෙරුන්නාන්සේට මෙහෙම කිව්වා.

"අනේ ස්වාමීනී... මේ කාක්කෝ කියන්නේ චපල සිත් ඇති සත්තු ජාතියක් තමයි. නමුත් හැම කපුටා ම එහෙම නෑ ස්වාමීනී. මා කියන්ට යන දේ ගැන පොඩ්ඩක් ඇසුව මැනව. අපවිත්‍ර අශුචි ගොඩේ තිබුණත් මැණික වටිනවා නොවැ. ගඳ ගසන මඩේ පිපෙන මානෙල් මලත් පළඳින්ට ගන්නවා නොවැ. ගව කුණේ තිබ්බා කියල අහක නොදමා ගෝරෝචන ගන්නවා නොවැ... ඉතින් ස්වාමීනී, අපි කල්පනා කළේ මෙතැන තමුන්නාන්සේලා දුකසේ වසන බව පෙනුනා. ප්‍රණීත දානමාන ඇති සැපදායක පළාත් ගැන අපි දන්නවා... මං මගේ ශක්ති පමණින් මේ සියලු සංඝයා වහන්සේට උපස්ථාන කරන්නම්. අපට අනුග්‍රහ පිණිස මාත් සමග වඩිනා සේක්වා!"

මේ කපුටා අවංකව කරුණු කියන බව මහතෙරුන්නාන්සේට වැටහුනා. සඟපිරිස රැස්කොරලා මෙහෙම කිව්වා.

"ඇවැත්නි... මේ කපුටා අපට උපස්ථාන කරන්ට කැමතියි. අපටත් යන්ට කතා කරනවා. අපිත් යමු" කියලා විසිපස් නමක් කපුටා සමග පිටත් වුනා.

ඉතින් පුතේ මාතුල විහාරයේ ඉඳලා මාගම මංජල විහාරයට යනකල් යොදුන් හතළිස් හතරක් තියෙනවා. මේ කපුටා ප්‍රණීත දානමාන ඇති ප්‍රදේශ වේලාසනින් හඳුනාගෙන ඒ පළාත්වලින් අපේ ස්වාමීන් වහන්සේලාව වැඩමවාගෙන ගියා. කපුටා මහ තෙරුන්නාන්සේ බැහැ දැක මෙහෙම කියනවා.

"ස්වාමීනී... අසවල් මගින් වඩින්ට එපා. ඒ ගමේ සැදැහැවත් උදවිය නෑ... ස්වාමීනී, මේ පැත්තේ වඩින්ට. මේ පැත්තේ සැදැහැවතුන් ඉන්නවා." කියලා. ඉතින් අපේ ස්වාමීන් වහන්සේලා කපුටා පෙන්වන පාරවල්වලින් වඩිනවා. සුවසේ දන්පැන් ලබාගෙන වැඩම කළා. ඉතින් පුතේ මේ කපුටු ජෝඩුව උන්නාන්සේලාට මංජල විහාරයේ වාසය කරන්ට සැලැස්සුවා. වස් තුන් මාසෙ ම උපස්ථාන කළා. වස් පවාරණය කරපු මහතෙරුන්නාන්සේ කපුටාට මෙහෙම කිව්වා.

"පින්වත් කපුට, දැන් අපි ආපසු මාතුල විහාරයට ම යන්ට සතුටුයි"

"හොඳයි... ස්වාමීනී... මං මේ භික්ෂූන් වහන්සේලා අතර සිවුරු දිරා ගිහින් තියෙනවා දැක්කා. ස්වාමීනී, සිවුරු ලබාගන්ටත් අවස්ථාවක් තිබෙන බව පේනවා. තව කිහිප දවසක් වැඩසිටින්ට ස්වාමීනී" කියලා උන්නාන්සේලා පිටත්වෙන දවසේ "ස්වාමීනී.... මුහුදට කිට්ටුවෙන්ට ඇති අසවල් ගම්මානෙට වඩින්ට. ඒ ගමේ එක් උපාසිකාවක් ඉන්නවා. ඈ ගොඩාක් සිවුරු මසාගෙන පිරිකර සකසගෙන අනේ අපේ ස්වාමීන් වහන්සේලා මේ පැත්තේ කවරදාක නම් වඩිනවා ද කියමින් මග බලාන ඉන්නවා."

ඉතින් පුතේ මහතෙරුන්නාන්සේ භික්ෂූන් කැඳවාගෙන ඒ ගමට වැඩියා. බොහෝ සිවුරු ලැබුනා. උන්නාන්සේලා ඉතා සුවසේ මාතුල වෙහෙරට වැඩියා.

"ඉතින් ආච්චියේ... ඒ කපුටු ජෝඩුවට මේ නිසා ගොඩාක් පින් ලැබෙන්ට ඇති නේද?"

"මොනවා කියනවද දරුවනේ... භික්ෂූන් වහන්සේලා ගැන සිත පහදවාගත් කපුටු ජෝඩුව මරණින් පස්සේ කොහේද උපන්නේ කියලා දන්නවා ද පුතේ? තව්තිසාවේ... ඔව් පුතේ... තව්තිසාවේ උපන්නේ... බලන්ට දරුවනේ තමන්ගේ කුසගින්න නිවාගන්ට කළ උපකාරය ඒ තිරිසන්ගත කපුටා මතක තියාගෙන හිටියා නොවැ. නුවණැත්තෝ එහෙම තමයි. ඔවුන් කවරදාකවත් මිත්‍රද්‍රෝහී වෙන්නේ නෑ. කළ උපකාරය සිහි කරනවා ම යි" කියලා ආච්චි මිහිරට මේ කවිය කිව්වා.

කළ උපකාරය සිතන්න පුතුනේ
කපුටත් එය සිහි කෙරුවා නිතිනේ
නුවණැත්තා එය රඳවා සිතිනේ
මිත්‍රද්‍රෝහියෙක් නොවන්න පුතුනේ

(සද්ධර්මාලංකාරය ඇසුරිනි)

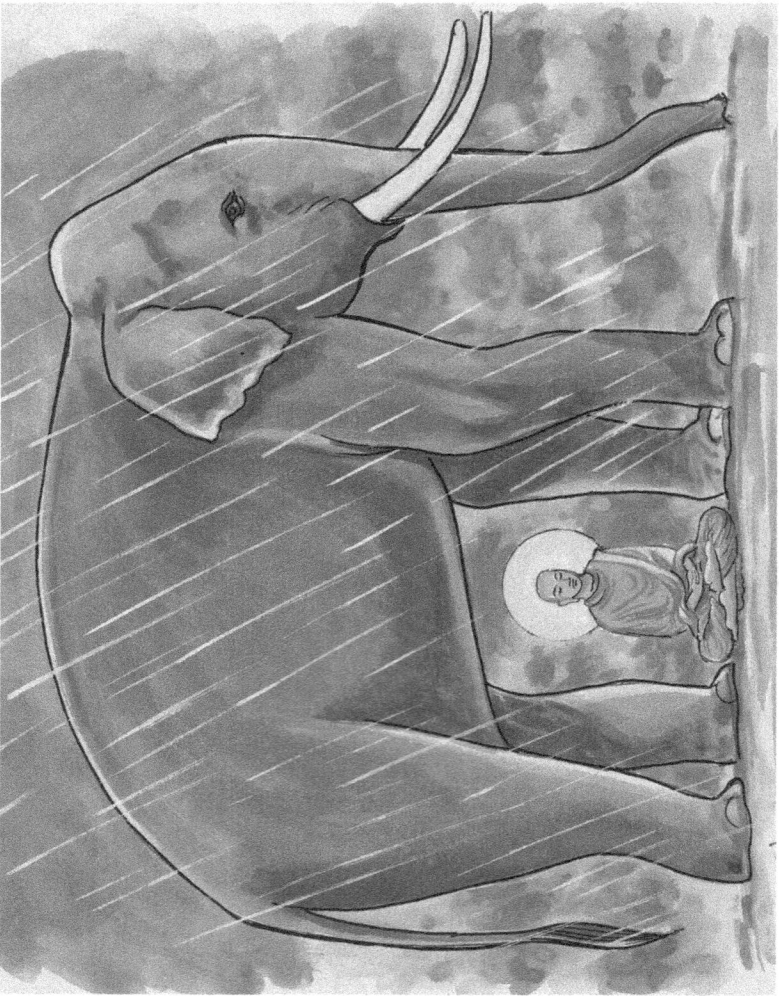

09

එදා රෑ තෙරුවන් වන්දනාවෙන් පස්සෙ මට ආච්චිගෙන් එක් කාරණාවක් දැන ගන්ට ඕනෑ වුනා. ඉතින් මං ආච්චි ළඟට ගිහින් වාඩි වුනා.

"ඇයි පුතේ.... මොකාක්හරි දැනගන්ට ඕනෑ උනාද?"

"හා... ආච්චි දන්නවා එහෙනම් මං ආවේ ඇයි කියල? අනේ... ආච්චියේ මං මේ කල්පනා කළේ අද අහපු බණක් ගැනයි."

"මොකක්ද පුතේ අහපු බණ?"

"ඇයි ආච්චියේ, අපි අද මහරගම පුංචි අම්මලාගේ ගෙදර දානයට ගියේ. එතැනදී ස්වාමීන් වහන්සේ බණට කිව්වේ එක නමකට වුනත් දානයක් පූජා කරද්දී භාග්‍යවතුන් වහන්සේගේ ශ්‍රාවක සංඝ රත්නයට පූජා කරනවා කියලා හිතන්ට කියලයි. අනේ... මට ඒ කතාව තේරුනේ නෑ."

"මෙහෙම නෙ පුතේ... අපි භාග්‍යවතුන් වහන්සේගේ ශ්‍රාවක සංඝයා ගැන සිත පහදවා ගන්ට, ඕනෑ තරම් උන්වහන්සේලාගේ විස්තර දන්නවා නොවැ. එහෙම සිත පහදවා ගත්තාම අපගේ සිත

තුළ බුද්ධානුස්සතියත් වැඩෙනවා. ධම්මානුස්සතියත් වැඩෙනවා. සංඝානුස්සතියත් වැඩෙනවා.”

“අනේ ආච්චියේ, එහෙම වෙන්නේ කොහොමෙයි?”

“ඈයි පුතේ... අපගේ සම්මා සම්බුදුරජාණන් වහන්සේ ලෝකයේ පහළ වෙලා මේ උතුම් පැවිදි බව පෙන්වා දීලා බුද්ධ ශාසනේ තුළ පිළිවෙත් පුරන හැටි දේශනා නොකළා නම් අපට සඟරුවනක් නෑ නොවැ. ඒ ධර්මය දේශනා නොකළා නම් නිවන් මගක් දන්නේ නෑ නොවැ. ඒ නිවන වෙනුවෙන් වීරිය කරන සංඝයා වහන්සේලා නොසිටියා නම් අපට පිං කෙතක් නෑ නොවැ.”

“අනේ ආච්චියේ... ඒක මට තව ටිකක් පැහැදිලි කරලා දෙන්ට.” එතකොට අපේ ආච්චි මෙහෙම කිව්වා. “ම්... එහෙනම් පුතේ නංගිටත් එන්ට කියන්ට. කව්රුත් මේවා දැනකියා ගන්නා එක හොඳයි නොවැ. ඉතින් මං අපේ නංගියාවත් එක්කරගෙන ඇවිත් ආච්චි ළඟින් වාඩි වුනා. ලස්සන සිනාවෙන් යුතු අපේ ආච්චි මෙහෙම කතාව පටන් ගත්තා.

“පුතේ... ඉස්සර කාලේ අපේ රටේ දීඝවාපිය පැත්තට වෙන්ට අමරලෙන කියලා සේනාසනයක් තිබුනා. ඒ ආරණ්‍යයේ ‘තිස්ස’ නම් රහතන් වහන්සේ නමක් වැඩ සිටියා. ඔය රහතන් වහන්සේගෙන් ධර්මය ඉගෙන ගන්ට ‘තිස්සනාග’ කියන මහ තෙරුන්නාන්සේ නමක් වැඩම කොළා. ඉතින් තිස්ස රහතන් වහන්සේ මහත් අනුකම්පාවෙන් බණ දේශනා කොළා. උන්නාන්සේ මෙහෙමයි කිව්වේ.

"අනේ... ඇවැත්නි... මනාකොට තිසරණේ පිහිටන්නේ නැතිව පෘථග්ජනයෙක් හැටියට මැරෙන්ට උනොත් සුගතිය නම් අවිශ්වාසයි. සුගතිය ලැබෙන්ටත් පුළුවනි. සතර අපායේ වැටෙන්ටත් පුළුවනි.

බුද්ධ ශාසනයේ පැවිදි වෙන්ට ලැබුනු වෙලාවේ උතුම් තිසරණයේ පිහිටා සතර සංවර සීලයේ ආරස්සාව ගන්ට ඕනෑ" කිව්වා.

"අනේ... ආච්චි... සතර සංවර සීලය කියන්නේ මොකක්ද?"

"මයෙ පුතේ, ලෝකයේ සියලු ගංගා ජලයෙන්වත් පිරිසිදු කොරන්ට බැරි කෙලෙස්, සීලයෙන් පිරිසිදු කොරනවා. සිත අසංවර වීමෙන් ඇවිලෙන ගිනි, සිහිල් ජලයෙන් වගේ සීලයෙන් නිවා දමනවා. දෙව්ලෝ වඩින්ට සීලය ඉණිමග වගෙයි. සීලය අමා මහා නිවනට වඩින දොරටුව වගෙයි. තපෝ ගුණයෙන් යුතු සිල්වත් භික්ෂුව දෙවියන්ට පේන්නේ ආකහේ සඳ මඬල වගෙයි.

ඉතින් පුතේ, අපගේ භාග්‍යවතුන් වහන්සේ 'මේවා කොරන්ට නාකයි... මේවා කොරන්ට එපා' කියලා තහනම් කොරපු දේවල් තියෙනවා. එහෙම තහනම් කොළේ ඒවා සතර අපායේ උපද්දවන්ට හේතුවන නිසයි. ඒවා නොකොට සංවර වෙන දේට කියන්නේ සිල් පද කියලයි. අපේ ස්වාමීන් වහන්සේලා ඒ සිල්පදවලට කියන්නේ ප්‍රාතිමෝක්ෂ සංවර සීලය කියලයි.

ඒ වගේ ම පුතේ... තමුන්නේ ඇස් දෙක, කන් දෙක, නාසය, දිව, කය, සිත අකුසලයට යොමු නොකොට ආරස්සා කොරගැනීමට ඉන්ද්‍රිය සංවර සීලය කියනවා.

ආන්න ඒ සීලයෙන් බුදුසසුන්ගත ස්වාමීන් වහන්සේලා ආරක්ෂා කරනවා.

සිල්වත් සඟරුවන තමුන්නේ පැවිදි ජීවිතය අධාර්මික ක්‍රමවලින් ලැබෙන දෙයින් නඩත්තු කොරන්නේ නෑ. ඒකට කියනවා පුතේ ආජීව පාරිශුද්ධි සීලය කියලා.

ඊළඟට පුතේ අපි බුදුසසුනේ පිළිවෙත් පුරන ස්වාමීන් වහන්සේට පිළිවෙත් පුරාගන්ට පහසු වෙන විදිහට කුටි සෙනසුන් හදා පූජා කොරනවා, සිවුරු පූජා කොරනවා, දානමාන පූජා කොරනවා, බෙහෙත් ඖෂධ පූජා කොරනවා නොවැ. ඉතින් උන්වහන්සේලා ඒවා පරිහරණය කරද්දී ඒවා කෙරෙහි ආශාව නොපිහිටන විදිහට ප්‍රත්‍යවේක්ෂා කොරලා තමයි පාවිච්චි කරන්නේ. ඒකට කියනවා ප්‍රත්‍යසන්නිශ්‍රිත සීලය කියලා.

ඉතින් පුතේ ඔය විදිහට තිස්ස මහරහතන් වහන්සේ තිස්සනාග තෙරුන්ට සතර සංවර සිල් උගැන්නුවා. ඊට පස්සේ සතිපට්ඨානෙයි මෛත්‍රී භාවනාවයි ඉගැන්නුවා."

"ආච්චියේ... සතිපට්ඨානේ කිව්වේ අපට ස්වාමීන් වහන්සේලා කියා දීපු කායානුපස්සනාව, වේදනානුපස්සනාව, චිත්තානුපස්සනාව, ධම්මානුපස්සනාව යන හතර නේද?"

"බොහෝම හරි පුතේ... ඒවා තමයි අපේ භාග්‍යවතුන් වහන්සේ තමුන්නේ ශ්‍රාවක භික්ෂූන්ට පුරුදු කොරන්ට කියලා කියා දුන්නේ. ඉතින් මේ තිස්සනාග තෙරුන් ඒවා හොඳට පුරුදු කොළා. රහතන් වහන්සේ ඒ ගැන සතුටු වෙලා කිව්වා දැන් ඉතින් තමුන්නේ වෙහෙරට ගොහින් දිගටම ධර්මය පුරුදු කොරන්ට කියලා.

රහතන් වහන්සේට වන්දනා කොරලා අපේ තිස්සනාග තෙරුන් අමරලෙනින් නික්මුනා. මහා වනය මැදින් පිටත් වුනා. ඒ පාරේ වඩිද්දී මහා වැස්සක ලකුණු පහළ වුනා. එතකොට ම වනේ මැදින් මද කිපුනු තනි අලියා ඇවිදින් පාර අවුරාගෙන සිටගත්තා නොවැ. හප්පේ... අපේ තෙරුන්නාන්සේට එක්වරම භාග්‍යවතුන් වහන්සේව මතක් වුනා. උන්වහන්සේ වදාළ මෛත්‍රී භාවනාව මතක් වුනා. මේ මහා බිහිසුණු හස්තිරාජයාට මෙත් සිත පතුරන්ට පටන් ගත්තා. එතකොට ඇතා කලබලයක් නැතිව තෙරුන් වහන්සේගේ ඉදිරියට ආවා. නිසොල්මනේ හිටගත්තා. හෝ ගාලා මහාවැස්සක් ඇද හැලෙන්ට පටන් ගත්තා. තෙරුන් වහන්සේට නොතෙමී ඉන්නට තැනක් නැතිව ඇතාගේ කුස යටට ගොහින් වාඩිවෙලා භාවනා කොරන්ට පටන් ගත්තා. බිහිසුණු ඇත්රජාගේ පා සතර මැදින් වාඩි වී භාවනා කරනකොට උන්වහන්සේගේ ධර්ම මාර්ගය වේගයෙන් දියුණු වෙලා උතුම් රහත්ඵලයට පත්වුනා.

එතකොට ම ඇතා වටකොට අහසින් පිච්චමල් වරුසාවක් වැටුනා. මිහිරි සුවඳ පැතිරුනා. වැස්ස පෑව්වා. උන්වහන්සේ ඇත්කුස යටින් එළියට වැඩියා. දැන් ඇතා ඉදිරියෙන් යනවා. උන්වහන්සේ පස්සෙන් වඩිනවා. කැලෑ සීමාවට ඇවිත් ඇතා නතර වුනා. ඇතාට දුකයි. ඇතා ආයෙමත් උන්වහන්සේ විහාරයට වඩිනකල් ම පස්සෙන් ආවා. විහාරය අසල වනයේ නැවතිලා තිස් අවුරුද්දක් තිස්සනාග රහතන් වහන්සේට උපස්ථාන කළා.

ඒ රහතන් වහන්සේ පිරිනිවන් පෑ දවසේ හස්තිරාජයා වැලපුනා. උන්වහන්සේගේ ධාතු තැන්පත්

කොට හදාපු චෛත්‍යයට හැමදාම මල් පිදුවා. ඇතාත් මරණින් මත්තේ තව්තිසාවේ උපන්නා.

බලන්ට පුතේ... අපගේ භාග්‍යවතුන් වහන්සේ නිසා මනුස්ස ලෝකෙටත් මහත් සෙතක් අත් වුනා. තිරිසන් සතුන්ටත් සුගතිය උදා වුනා. කිසි ධර්මයක් නැති මිසදිටු සුද්දෝ අපේ රට අල්ලාගත්තාට පස්සේ හැම පැත්තෙන් ම අපි පිරිහිලා ගියා පුතේ. ඔය සුද්දෝ ඌව පළාතේ විතරක් අලි ඇතුන් එකොළොස්දාහක් මරා දමලා තියෙනවලු. අලි ඇතුන් විතරක් යැ. අපේ මිනිස්සු ලක්ෂ ගණනක් මැරුවා. කුඹුරු වතුපිටි ගිනි තිබ්බා. එහෙමයි සිංහලයාව දමනය කළේ. නමුත් පුතේ අපේ භාග්‍යවතුන් වහන්සේගේ ආනුභාවය නිසා අපි බේරුනා නොවැ.

දැක්කද පුතේ... අපේ භාග්‍යවතුන් වහන්සේගේ ශ්‍රාවක සංඝරත්නයේ ආශ්චර්ය. දරුණු ඇත්තු පවා අම්මා පස්සෙන් දණ ගසාගෙන යන කිරිදරුවෝ වගේ උන්වහන්සේලා පස්සේ ගියා. අන්න ඒ වගේ ජීවිත පරිත්‍යාගයෙන් තමන්ගේ ජීවිතේ පූජා කොරලා පිළිවෙත් පුරා නිවන් දුටු ශ්‍රාවක සංඝරත්නය ගැන සිත සිතා ම යි පුතේ දන්පැන් පුදන්ට ඕනෑ. එතකොට අපි වෙහෙස මහන්සි වෙලා පුදන දානය මහත්ඵල ලබා දෙනවා ම යි."

(සද්ධර්මාලංකාරය ඇසුරිනි)

10

අපේ ආච්චි අග්ගලා හදාගෙන කළුතර ගොහින් ආවට පස්සේ ටිකක් වෙනස් වගේ. මූණ කටේ පරණ සිරියාව නැතුව ගොහින් වත් ද! මට හිතුනේ අපේ ආච්චි කිසියම් හිත් වේදනාවකින් සිටිනා බවයි. "ආච්චියේ ඇත්ත කියන්ට.... ඔයා ඉන්නේ සතුටින් නොවෙයි නේද?"

"මයෙ පුතේ... කොහොමෙයි සතුටින් ඉන්නේ? අපට වෙච්චි විපැත්තියක මහත! අපගේ භාග්‍යවතුන් වහන්සේගේ ධාතු තැන්පත් කරමින් මේ ලංකාදීපය පුරා වෙහෙර විහාර, දාගැප් වහන්සේලා හද හදා වැඳ වැඳ ගිය ජාතියකට වෙච්චි විපත!"

"ඇයි ආච්චි මක් වුනාද?"

"පුතේ අපි කළුතර ගියා නොවැ. එහෙට ඇවිදින් හිටියා අපි වගේම දහම් වැඩසටහන්වලට යන උපාසක ඇත්තෙක්. උන්නැහේ බොහොම වේදනාවෙන් හිටියේ. උන්නැහේ ඉන්නේ අනුරාධපුර පළාතේ. ටිකක් ඈතට වෙන්ට. ඒ පැත්තේ දැන් වනාන්තරේ. වෙහෙර විහාර, දාගැප් වහන්සේලා වල් බිහිවෙලා. අපේ ම ජාතියේ උන් ගිහින් ඒ දාගැප් වහන්සේලා හාරලා වස්තුව ගන්නවාලු. හනේ හපොයි! සෑ මළුවේ වැලි කැටවලටත් වැඳ වැඳ හිටපු ජාතියකට වෙච්ච දේ. ඉස්සර එහෙම නෑ පුතේ.

ඉස්සර අපේ සිංහලයෝ රතනත්තරේට ජීවිතේ පූජා කොරපු ගමන් හිටියේ."

"මොකක්ද ආච්චියේ ඒ විස්තරේ?"

"ඒක වුනේ මෙහෙමයි පුතේ. ඒ කාලේ සිරිනාග කියලා බ්‍රාහ්මණ පුත්‍රයෙක් සිටියා. ඒ ඇත්තා අනුරාධපුර රාජධානිය අල්ලාගන්ට රහසේ පිරිස් එකතු කළා. ඒ පිරිස්වලට පඩිනඩි දෙන්ට ඕනෑ නොවැ. ඔය සිරිනාගයාට සල්ලි නෑ. ඊටපස්සේ කල්පනා කොළේ දක්ඛිණගිරි විහාරයේ මහා දැගැප් වහන්සේව බිඳ දමලා වස්තුව පැහැරගන්ටයි. තමුන්නේ සේනාව කැටුව එතනට ගියා. 'ඉක්මණින් මේ දාගැබ බිඳපල්ලා' කියලා අණ කොළා. නමුත් ඒකුන්ට දැගැබ බිඳගන්ට බැරිවුනා.

"එතකොට මේ දාගැබේ බිඳින සන්ධිය දන්න කවුරුවත් නැද්ද?"

"ස්වාමීනී, හෙළලෝලී යන සැඩොල් ගමේ බහුලා නමින් සැඩොලෙක් ඉන්නවා. ඒකා නම් දන්නවා" කිව්වා.

"හරි.... ඒකා ඇන්න වර" කියලා අණ කොළා. සේනාව ගොහින් සැඩොලා කුදලාගෙන ආවා. "එම්බල, මේ දාගැබේ බිඳුම් සන්ධිය තෝ දන්නවා. අපට දැන් මේක බිඳින්ට ඕනෑ. දැන් බිඳපිය."

"ස්වාමීනී, දෙව්ලොව බඹලොව මනුලොව සියල්ලෙන් අග්‍ර වූ අපගේ සම්මා සම්බුදුරජාණන් වහන්සේව මට ඒකාන්තයෙන් ම පිළිසරණයි කියා ජීවිතය පූජා කොට මං උන්නාන්සේව සරණ ගියා. මං උන්නාන්සේගේ උපාසකයෙක්. ඉතින් ස්වාමීනී, අප භාග්‍යවතුන් වහන්සේගේ ධාතු පිහිටුවා වදාළ මේ උත්තම

සෑය බිඳින්ට හවුල් වුනොත් පංචානන්තරිය කරුමෙට සමානයි. අපෙ අප්පෝ.... මයෙ දෙයියෝ.... මට නම් බෑ."

සිරිනාගයා කෝපයෙන් ගිගිරුවා. "එහෙනම් මේකාව ඇදගෙන ගොහින් උල තබාපං" කියලා නියම කළා. එතකොට ඒ බහුලා නමැති සැඩොලා මහ හඬින් බුදුගුණ කිය කියා ගිහින් උල මත වාඩිවුනා. ඊට පස්සේ මිනිස්සු ගොහින් සිරිනාගයාට ගතු කිව්වා. "ස්වාමීනී, මේකාගේ පුත්තු සත් දෙනෙක් ඉන්නවා. එවුනුත් මේ මහා සෑය වැඳ වැඳ ම යි ඉන්නේ. එවුන් මේ ගැන නිච්චියට ම දන්නවා ඇති."

"එහෙමනම් ඒකුනුත් කුදලාගෙන වර." මිනිස්සු ගිහින් බහුලාගේ පුත්‍රයන් සත් දෙනාත් කුදලාගෙන ආවා. "දැක්කා නොවැ. තොපගේ අප්පොච්චාට වෙච්චි දේ. තොපිට මේක වෙන්ට කලියෙන් මේ සෑය බිඳපං."

"අනේ ස්වාමීනී, අපට ඇත්තේ එක ම පිළිසරණයි. ඒ අපගේ භාග්‍යවතුන් වහන්සේගේ සරණ පමණයි. ඉතින් අපි ජීවිත පූජාවෙන් උන්වහන්සේව සරණ ගියා. අපි උන්නාන්සේගේ උපාසකයෝ. අපට භයක් නෑ. ලොව්තුරා බුදුන්නේ ධාතූන් වහන්සේලා පිහිටි මේ සෑයට නම් අත තියන්නෙ නෑ. තමුන්නාන්සේ කැමැත්තක් කොරන එකයි ඇත්තේ."

ඉතින් මයෙ පුතේ, ඒ උදාර දරුවන් සත්දෙනාගේ එඩිතර වචන ඇසූ සිරිනාගයා පොලු පහර කෑ නාගයෙක් වගේ කිපුනා. ඔවුන් සත්දෙනාවත් උල හිඳවා මැරෙව්වා. මයෙ පුතේ, මේක හොඳට අහගන්ට ඕනෑ. සුවඳ සඳුන්, සමන් මල්, කස්තුරි වගේ දේවල්වලට නිලමැස්සෝ වහන්නේ නෑ නොවැ. මළකුණක, අසූචියක ගඳක් ඉව

වැටුනු ගමන් තිලමැස්සෝ වටකරගන්නවා. ඒ වගේ මිසදිටු ගත් උදවියට නම් විළි ලැජ්ජාව ඇතිවෙන ශිව ලිංගාදිය දැකපු විට කිසි ගාණක් නැතුව පොර කකා වඳින ලෝකයක් නොවැ.

ඉතින් පුතේ, ඒ අටදෙනා ම දිවි පිදුවේ අපගේ බුදුරජාණන් වහන්සේටයි. මරණයට මූණ දුන්නේ භාග්‍යවතුන් වහන්සේ ගැන ම මෙනෙහි කොර කොරා. ඒ නිසා ඒ ඇත්තන්නේ සිත කිළුටු වුනේ නෑ. සුදෝ සුදු වස්තරයක් වගේ සුද්දෙට තිබුනා. තුසිත දෙව්ලොවෙන් මනුස්සයින්ට පේන්ට දිව්‍යරථ අටක් ආවා. අනිත් එවුන් බලා සිටිද්දී ඒ දෙවිවරු මේ අටදෙනා ව දිව්‍යරථවලට නංවා ගත්තා. දැන් ඒ අටදෙනා ම දෙවිවරු වෙලා හැමෝටම පෙනුනා. මේ අපරාධය කළ මිනිස්සු හොඳටෝම භය වුනා. සිරිනාගයාට මෙහෙම කිව්වා.

"ස්වාමීනී, බුදුන්නේ ධාතු පිහිටුවාපු සෑය බිඳින එක නම් හොඳ වැඩක් නොවේ. අපි මේ වැඩේ අත්හරිමු."

එතකොට සිරිනාග ඒ දාගැබ බිඳින අදහස අත්හැරියා. නැගෙනහිර පළාතට පැනගත්තා. මහවැලි ගංතෙරේ සරුසාරෙට පිහිටි මීවිටි කියන ගම්මානේ මංකොල්ල කෑවා. මීවිටියේ තිබුනු ධාතු චෛත්‍යය බින්දා. වස්තුව පැහැරගෙන සේනාවට පඩි දුන්නා. කොහොම නමුත් ඒ ඇත්තාගේ වැඩේ සාර්ථක වුනා. ලංකා රාජ්‍යයේ ඔටුනු පැළැන්දා.

ඉතින් පුතේ, වැඩි කලක් ගියේ නෑ. ඒ සිරිනාග රජ්ජුරුවන්ගේ කුසේ සුව කළ නොහැකි රෝගයක් හටගත්තා. රාජකීය වෙද ඇත්තෝ කොතෙකුත් වෙහෙස ගත්තත් බේරගන්ට බැරිවුනා. රජ්ජුරුවන්ට තමුන්නේ

කායික වේදනාව ඉවසා ගන්ට බැරුව දුකින් දුකට පත් වී තමන් ම බඩ පලාගෙන මරණයට පත්වුනා. අවීචි මහා නරකයේ උපන්නා.

ඉතින් පුතේ, මේ කාලෙත් පාළුවට තියෙන ධාතු චෛත්‍යයන් බිඳින අය ඉන්නවා. මංකොල්ල කන අය ඉන්නවා. පිළිම වහන්සේලාගේ ඌර්ණ රෝම ධාතුව සොරකම් කරන අය ඉන්නවා. පිළිම වහන්සේලාගේ හිස සිඳ තැන්පත් වස්තුව කොල්ල කන අය ඉන්නවා. ඒ සියලු දෙනා බිහිසුණු නිරයේ උපදිනවා. නිරිසතුන් ඔවුන්ව කෑලි කෑලිවලට කපා නැවත නැවතත් වධ දෙනවා. සතර අපායෙන් ගොඩ එන එක නම් ඔවුන්ට ලෙහෙසි වෙන්නේ නෑ.

බලන්ට පුතේ, අර අට දෙනා කුමක් හෝ අකුසලයකින් නින්දා ලබන චණ්ඩාල කුලයේ උපන්නා තමයි. නමුත් චිත්ත සන්තානය පවිත්‍රයි. තමන්ව උල හිඳුවද්දී එයට අණ කොරාපු කෙනා කෙරෙහිවත් ඒ අණ පිළිපැද්ද උදවිය කෙරෙහිවත් කෝප සිතක් ඇති කොරගත්තේ නැහැ නොවැ. භාග්‍යවතුන් වහන්සේගේ සරණ ම මෙනෙහි කොර කොරා සිටියා නොවැ. ඒකට තමයි සරණ පිහිටනවා කියන්නේ. දැන් ඒ දිව්‍ය ඇත්තෝ මහා සැපසේ දෙව්පුරේ වාසය කොරනවා ඇති. සත්පුරුෂයන්ට වින කැටූ ඒ අසත්පුරුෂයෝ කියන්ට බැරිතරම් දුක් අනුභව කරමින් අඳෝනා නග නගා ඇති. තිසරණයේ පිහිටාගන්ට බැරිවුනොත් සිදුවන විපත නම් මෙතෙකැයි කියන්ට බැහැ.” කියලා ආච්චි ඔසොරි පොටෙන් දෑස් පිස දමාගත්තා. ඊට පස්සේ දිග සුසුමක් හෙළුවා. මිහිරි හඬින් මෙහෙම කිව්වා.

අප ගෞතම මුනිඳුන් ගැන නිතර ම   සිතපන්නේ
අපට තියෙන එකම සරණ එය බව   දැනගන්නේ
හැම දේට ම වඩා වටින උතුම් සරණ   වන්නේ
එනිසා ම යි අපිත් උතුම් මුනිඳු සරණ   යන්නේ

(සද්ධර්මාලංකාරය ඇසුරෙනි)

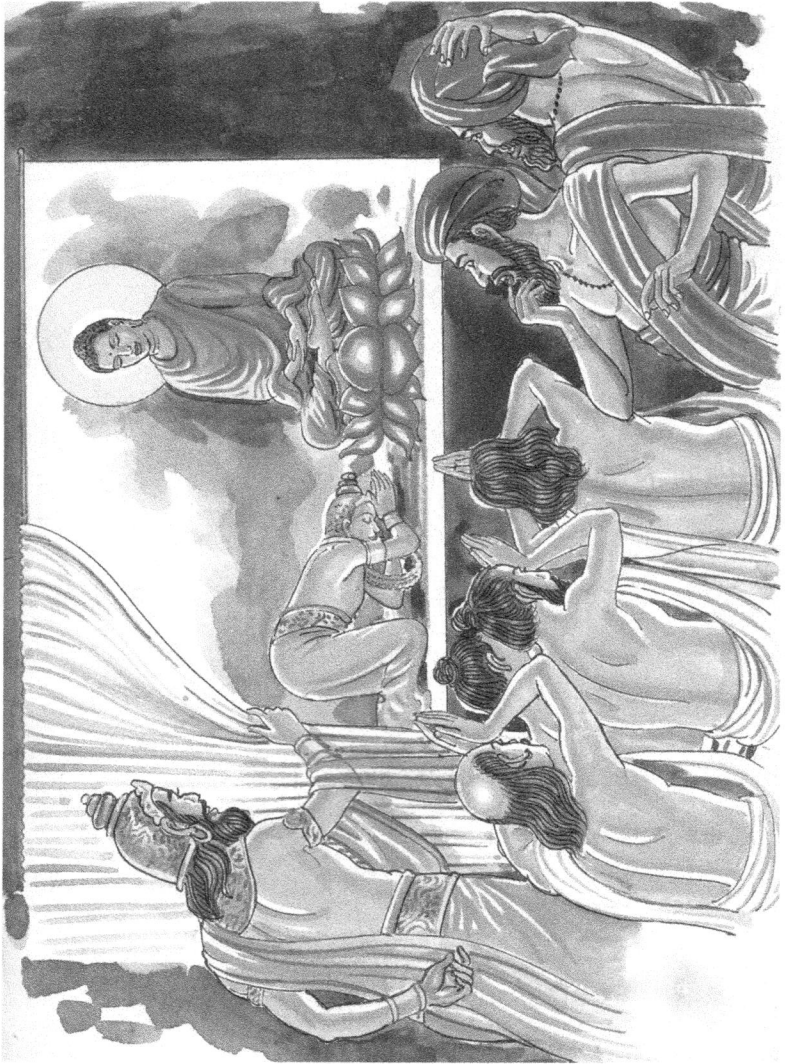

11

අද අපේ තාත්තා පත්තරේ කියවලා දෑස හකුළුවා ගත්තා. කිසියම් වේදනාවකින් වගේ ආච්චි ළඟට ආවා. "අනේ අම්මා.... අද පත්තරේ දැක්කාද? අපගේ භාග්‍යවතුන් වහන්සේගේ උතුම් බුදුරුව යෙදූ අත්පිස්නා තොගයක් ලංකාවට ගෙන්වලා තියෙද්දි ඒවා රේගුවේදී හසුවෙලා තියෙනවා. අනේ අම්මා... බලන්ට, මේ හිස් මිනිස්සු පව් පුරවා ගන්නා හැටි."

"කෝ පුතේ.... කෝ බලන්ට" කියලා ආච්චි පත්තරේ දෙස එබිලා බැලුවා. එතකොට තාත්තා බුදුරුව යෙදූ අත්පිස්නා පින්තූරය සහිත ලිපිය පෙන්නුවා. එය දුටු ආච්චි කම්පාවට පත්වුනේ නෑ. සෝක වුනෙත් නෑ. සුපුරුදු ලස්සන සිනහවෙන් යුතුව මෙහෙම කිව්වා. "මයෙ පුතේ.... ඔය හිස් මිනිස්සු තමන්ට ම යි කොරගත්තේ. තමුන්නේ අතින් අසුචි ඇන්න සඳ මඬලට වීසි කොළා වගේ දෙයක් නොවැ. චන්ද්‍ර මණ්ඩලේ තිබුනා වගේ ම ලස්සනේට බබළනවා. තමන්ව ම යි ගඳ ගස්සවා ගත්තේ. ඔහොම තමයි පුතේ.... ඔය මේ ලෝකෙ හැටි නොවැ.... හොඳට අහගන්ට පුතේ, මීට අවුරුදු එක්දාස් දෙසීයකට පෙර තමයි රාමායනය කියන කතන්දර පොත ලියවුනේ. ඒක ලිව්වේ ආන්ද්‍රා රටේ බමුණෝ නොවැ. ඒ රාමායනය

කියවන්ට පටන් ගත්තු දා පටන් දකුණු ඉන්දියාවේ බුද්ධ සැසනේට කණකොකා හඬන්ට පටන් ගත්තා. දකුණු ඉන්දියන්කාරයෝ එදා පටන් මේ ලංකාද්වීපයටත් අපගේ භාග්‍යවතුන් වහන්සේටත් හදි කටින්ට පටන් ගත්තා.... ඒ වුනාට පුතේ ඊට කලියෙන් දකුණු ඉන්දියාවේ දෙමළ රාජ්ජෙ හරි අගේට බුද්ධ සැසනේ බැබළුනා. ඒක නැතිව ගියා නොවැ ඔය රාමායනය රචනා කොළාට පස්සේ."

"ඉතින් ආච්චියේ, ඒ කාලෙත් ඒ මිනිස්සු දැන් කාලේ වගේ අපගේ භාග්‍යවතුන් වහන්සේට නින්දා අපහාස වෙන දේවල් කරලා තියෙනවාද?"

"මොනා අහනවාද මයෙ පුතේ.... ඒ කාලෙත් එහෙම තමයි. දැන් ඔය විසාල කෝවිල් තියෙන්නේ. ඉස්සර ඕවා අලංකාර විහාර මන්දිර. පස්සේ කාලේ තමයි ඒ විහාර විනාස කොරලා කෝවිල් හැදුවේ. ඉතින් පුතේ, ඉස්සර ඔය කාවේරි පටුනේ තිබුනේ බෞද්ධ රාජධානියක්. බ්‍රාහ්මණයෝ ඒක නැති කොළා. රාමායනයේ විස්තර වෙන විදිහට ශිව දෙවියන්ට පූජාවල් තියන්ට කෝවිලක් හැදුවා. ඒ කෝවිලේ එක්තරා පුවරුවක භාග්‍යවතුන් වහන්සේට මහා අපහාසයක් වෙන විදිහේ සිතුවමක් අන්දවලා මහා කලබැගෑනියක් ඇතිවුනා නොවැ."

"අනේ.... මොකක්දැ ආච්චියේ ඒ කලබැගෑනිය? ඒක වුනේ කොහොමෙයි?"

"පුතේ.... මෙහෙමයි ඒක වුනේ. ඔය ශිව කියන අසුර බලවේගය දියුණු කොරලා දකුණු ඉන්දියාවේ අසුර බලය බලවත් කළා. ඊට පස්සේ භික්ෂූන් වහන්සේලා

මරාදැම්මා. උපාසකවරුන් ව නැකැත් කේන්දර, හදි හූනියම්, වශී ගුරුකම්වලට පුරුදු කෙරෙව්වා. තිසරණෙන් බැහැර කෙරෙව්වා. හින්දු බවට පත්කෙරෙව්වා. ඔය අතරේ තිසරණයට දිවි පුදා වාසය කළ උපාසකවරු පිරිසකුත් සිටියා. දවසක් ඒ උපාසකවරුන්ගේ දරුවෙක් හඬාගෙන ගෙදර ආවා.

"ඇයි පුතේ.... මොකදෑ ඔය හඬන්නේ?"

"අනේ අපේ අප්පොච්චි.... මගේ යාළුවෝ මාව කෝවිලකට එක්කරගෙන ගියා. ගෙනිහින් මට ලොකු චිත්‍රයක් පෙන්නුවා. 'හිහ්.... හී.... යාළුවා, දැක්කා නේද? තොපගේ බුදුන්ට සිදු වූ කලදසාව. ආං අතන පෙන්නුම් කරනවා. යමං බලන්ට. මේන් බලාපං. අපගේ ශිව මහා දෙවියෝ ඉදිරියේ ඔය දණ ගසාගෙන නැමී වැඳගෙන සිටින්නේ කවුද? ඒ තොපගේ බුදුන් ය!' කියලා. ඉතින් අප්පොච්චි.... මට මේ ගැන හරී දුකයි."

"හෑ.... අපගේ භාග්‍යවතුන් වහන්සේට නින්දා අපහාස කරලා ඇඳපු චිත්‍රය මොකක්ද කියලා බලන්ට අපිත් යන්ට ඕනෑ" කියලා ඒ උපාසකවරුත් කෝවිලට ගියා. ගිහින් ඒ නින්දනීය සිතුවම දැකලා වේදනාවෙන් දෑස් වසාගත්තා. "අයියෝ.... අපි නොදැක්කපිය යුත්තක් නොවැ මේ දැකගත්තේ. අනේ! මේ හින්දු බ්‍රාහ්මණයෝ තමුන්ට මහා භයානක දෙයක් කොරගත්තා නොවැ. අපි මේ කාරණය රජ්ජුරුවන්ට පැමිණිලි කොරන්ට ඕනෑ" කියලා උපාසකවරු එකතු වෙලා රාජාංගනේට රැස්වුනා. රජ්ජුරුවෝ උපාසකවරුන් ව කැඳෙව්වා. උපාසකවරු ගොහින් රජ්ජුරුවන්ට වන්දනා කොරලා සිටගත්තා.

"හ්ම්.... මොකදෑ තොප මේ හැඬූ කඳුළින් සිටින්නේ? තොපට සිදු වූ ඇබැද්දිය කිම?"

"අනේ.... දේවයන් වහන්ස, අපට මේ කාරණාව පවසන්ට සමාව අවසර...! මේ අපි හැමෝම ඉතාමත් ආදරයෙන් භාග්‍යවතුන් වහන්සේ ව සරණ ගිය උපාසකවරු. ඒ අපගේ භාග්‍යවතුන් වහන්සේ කුරා කුහුඹියෙකුටවත් වරදක් නැති සේක. දෙව්මිනිස් සකල ලෝකයාට මහා කරුණා ඇති සේක. මේ ලෝකයේ මිනිසුන් තුළ යම්තාක් කෙලෙස් ඇද්ද, ඒ කිසි ක්ලේශයක් අප භාග්‍යවතුන් වහන්සේගේ හද මඬලෙහි නැත්තේ ම ය. දෙව්ලොව දෙවියන් තුළ යම්තාක් කෙලෙස් ඇද්ද, ඒ කෙලෙස් කිසිවක් නැති සේක. බඹලොව බඹුන් තුළ යම්තාක් කෙලෙස් ඇද්ද, ඒ කෙලෙසුත් නැති සේක. අප භාග්‍යවතුන් වහන්සේ මේ සකල ලෝකය ඉක්මවා ගිය සේක.

මහ රජ්ජුරුවන් වහන්ස, ඒ අපගේ භාග්‍යවතුන් වහන්සේ මොනම හේතුවක් නිසාවත් කෝප නොවන සේක. පළි නොගන්නා සේක. ඊර්ෂ්‍යා නොකරන සේක. මෛත්‍රියෙන් කරුණාවෙන් මුදිතාවෙන් උපේක්ෂාවෙන් යුතුව වැඩ සිටිනා සේක. දෙවියන්ට දෙවි වූ සේක. බඹුන්ට බඹු වූ සේක. ලෝකයෙහි කිසිවෙකුට සම නොවන සේක. ලොවෙහි කිසිවෙකුට හෝ කිසිවකට හෝ නොඇලුන සේක. නොගැටුන සේක. අනන්ත අපරිමාණ ගගන තලය සෙයින් අනන්ත අප්‍රමාණ ගුණ ඇති සේක. සත්තිස් බෝධිපාක්ෂික ධර්ම රත්නයන්ගෙන් සමන්විත මහා සද්ධර්ම චක්‍රවර්තීන් වන සේක.

මහ රජ්ජුරුවන් වහන්ස, අප භාග්‍යවතුන් වහන්සේ දෙතිස් මහා පුරුෂ ලක්ෂණයෙන් සුශෝභිත වූ සේක. නීල, පීත, ලෝහිත, ඕදාත, මාංජේෂ්ඨ හා ප්‍රභාෂ්වර යන ෂඩ්විධ බුද්ධ රශ්මි මාලාවෙන් යුතු සේක. උන්වහන්සේ අරහත් වන සේක. සම්මා සම්බුද්ධ වන සේක. විජ්ජාචරණ සම්පන්න වන සේක. සුගත වන සේක. ලෝකවිදූ වන සේක. අනුත්තරෝ පුරිසදම්ම සාරථී වන සේක. සත්ථා දේවමනුස්සානං වන සේක. බුද්ධ වන සේක. භගවා වන සේක.

මහ රජ්ජුරුවන් වහන්ස, උන්වහන්සේ අපගේ එක ම ශාස්තෘන් වහන්සේ වන සේක. අපි උන්වහන්සේ සරණ ගිය උපාසක දරුවෝ වම්හ. ඉතින් මහ රජ්ජුරුවන් වහන්ස, මෙබඳු ගුණයෙන් සුශෝභිත වූ අප භාග්‍යවතුන් වහන්සේට නින්දා පිණිස, අපහාස පිණිස, ගරහනු පිණිස, හෙළා දකිනු පිණිස, පහත් කොට සලකනු පිණිස මේ කාවීර පටුනේ අසවල් කෝවිලේ පූජකවරුන් විසින් ද බැතිමතුන් විසින් ද ළාමක සිතුවමක් අඳින ලද්දේය. ශිව දෙවියාගේ පින්තූරයට අප භාග්‍යවතුන් වහන්සේ දණ නමාගෙන වැඳ නමස්කාර කොට සිටින ආකාරය යි.”

“හහ්... හා... එම්බා මිත්‍රවරුනි, ඒකට මක් වෙනවද... ඕක ගණන් ගන්ට කාරි නෑ. මේ ලෝකයේ සියලු මනුෂ්‍යයෝ තම තමන්ගේ දෙවියන්ට මහත් භක්තියෙන් තම තමන්නේ දෙවියන් උසස් කොට සැලකීම තියෙනවා නොවැ.”

“එසේය එසේය.... මහ රජ්ජුරුවන් වහන්ස, අපි එය පිළිගනිමු. නමුත් අපි නම් කිසි කලෙක ශිව දෙවියන්ට

හෝ වෙනත් දෙවියෙකුට හෝ මෙබඳු නින්දා අපහාස නොකළෙමු. අපගේ දේවාතිදේව වූ ශාස්තෘන් වහන්සේව හෙළා දකින එක ගැන දුකට පත්ව මේ කඳුළු වැකුණු මුහුණින් යුතුව පැමිණිලි කොරන්ටයි ඔබවහන්සේ ව බැහැදකින්ට පැමිණියේ."

"එසේ නම් එම්බා මිත්‍රවරුනි.... තොපගේ ඔය බුදුන්නේ ඔය කියන ආකාරයේ මහානුභාව විශේෂයක් ඇත් නම් අපටත් පෙන්වාලව්."

"දේවයන් වහන්ස, එය අපට බැරි නැත්තේය. එයට නුඹවහන්සේ මැදිහත් වන සේක්වා! ඒ කෝවිලේ අප භාග්‍යවතුන් වහන්සේට නින්දා පිණිස සිතුවම් කොට ඇති පුවරුකඩ එතැනින් බැහැර කොට සුදු වස්ත්‍රයකින් වසාලුව මැනව. රාජ මුද්‍රාවෙන් මුද්‍රා තබා එය කිසිවෙකුටත් ස්පර්ශ නොකළ හැකි සේ තැබුව මැනව. එයට රැකවල් තැබුව මැනව. සත් දවසකින් පසු ඒ පුවරුකඩ වසා ඇති සුදු පිරුවටය ඉවත් කොට බලනු මැනව. අප භාග්‍යවතුන් වහන්සේගේ බුද්ධානුභාවය ඔබවහන්සේට ම ප්‍රත්‍යක්ෂව දකින්ට ලැබෙනු ඇත."

"ඉතින් දරුවෙනි, එතකොට ඒ රජ්ජුරුවෝ උපාසකවරුන්ගේ අදහසට කැමති වුනා. අර කෝවිලෙන් සිතුවම් පුවරුකඩ බැහැර කෙරෙව්වා. කෝවිලේ වෙනත් ඇතුලු කාමරයක තැබුවා. සුදු පිරුවටයකින් වසා රාජ මුද්‍රා තිබ්බා. කිසිවෙකුටත් ඇතුල් වෙන්ට බැරි විදිහට රැකවල් තැබුවා. ඊට පස්සේ පුතේ, අර උපාසකවරු ගෙදර ගොහින් උපෝසථ සිල් සමාදන් වුනා. බුද්ධානුස්සතිය වැඩුවා. ඊට පස්සේ සියලු සත්වයන් කෙරෙහි මෙත් සිත

පැතිරෙව්වා. දන්පැන් පූජා කළා. දිනපතා මේ විදිහට පින් අනුමෝදන් කළා.

"ලෝකපාලක වූ මහානුභාව ඇති සතරවරම් දෙව්මහරජ දරුවෙනි, ශක්‍ර දේවේන්ද්‍රයාණෙනි, අපගේ සම්මා සම්බුදුරජාණන් වහන්සේ එක ම සරණ කොට වාසය කරන අපි උන්වහන්සේ නිසා ම පස්පව්, දස අකුසල් ගැනත් පින් කුසල් ගැනත් දැනගත්තෙමු. එනිසා අපි අද දවස පුරා ඉතා ශ්‍රද්ධාවෙන් උපෝසථ සිල් සමාදන් ව සිටිමු. දන්පැන් පිදුවෙමු. සියලු ලෝසතුන්ට මෙත් සිත පැතිරෙව්වෙමු. මේ සියලු පින් ඔබවහන්සේලා අනුමෝදන් වෙත්වා! බොහෝ දෙනෙකු විසින් කරගන්නා භයානක අකුසලයක් ඇත්තේය. අසවල් කෝවිලෙහි භාග්‍යවතුන් වහන්සේට නින්දා පිණිස සිතුවම් කළ පුවරුකඩක් ඇත්තේය. තවදුරටත් ඔවුන් රැස්කරන අකුසලයෙන් ඔවුන්ව මුදවා ගැනීම පිණිස අප භාග්‍යවතුන් වහන්සේ සුවසේ වැඩසිටින ආකාරයෙන් ද ශිව දෙවියෝ අප භාග්‍යවතුන් වහන්සේට වන්දනා කරන ආකාරයෙන් ද ඒ පුවරුකඩෙහි දකින්නට ලැබේවා!" යි දිනපතා සත්‍යක්‍රියා කොරන්ට පටන් ගත්තා.

එතකොට මයෙ දරුවනේ, ඒ උපාසකවරුන්ගේ මෙත් සිතේ තේජසින් සක් දෙවිඳුන්ගේ පඬුපුල් අස්න උණු වුනා. එතකොට සක් දෙවියෝ අපේ මිනිස් ලොවට දිවැස් හෙළා බැලුවා. මිත්‍යා දෘෂ්ටික බමුණන් විසින් වෛරී චිත්තයෙන් යුතුව භාග්‍යවතුන් වහන්සේට අවමන් කරන්ට සිතුවම් කළ පුවරුකඩ දකින්ට ලැබුනා. උපාසකවරු ඉල්ලා සිටින ආකාරයට ඒ සිතුවම යළි

සකසන මෙන් සක් දෙවිඳුන් විස්කම් දෙව්පුතුට අණ කළා.

ඉතින් දරුවනේ, සත් දවස ගෙවුනා. උපාසකවරුත් වේලාසනින් ම එතැනට රැස්වුනා. මිසදිටු පූසාරිලත් බැතිමතුනුත් රැස්වුනා. රජ්ජුරුවෝ ඇවිත් රාජමුද්‍රාව කඩා සුදු රෙද්ද ඉවත් කළා. මයෙ දරුවනේ, කියන්ට බැරිතරම් ආශ්චරියයි...! බුද්ධ රශ්මි මාලාවෙන් බබළන පුන් සඳ මඬල වන් මුව මඬල ඇති අප භාග්‍යවතුන් වහන්සේ ඉතා පියකරු ලීලාවෙන් පියුමක් මත වැඩහිඳිනා ආකාරය ඒ පුවරුකඩේ දිස්වෙලා තිබුනා නොවැ. ඒ විතරක් යැ! ශිව දෙවියෝ අප භාග්‍යවතුන් වහන්සේට දණ්ඩ නමස්කාරයෙන් වන්දනා කොරගෙන සිටින හැටිත් දිස්වුනා. රජ්ජුරුවෝ එතැන වැඳ වැටුනා. උපාසකවරු දෑත නළලේ තබා මහා හඬින් බුද්ධ සරණං ගච්ඡාමි කියා ඒකනින්නාද වෙන්ට කෑ ගසා කිව්වා. රජ්ජුරුවොත් එවෙලේ ම මිසදිටුව බැහැර කළා. තෙරුවන් සරණ ගියා. කාවේරී පටුනේ තිබුනු ඒ කෝවිලේ දේව ප්‍රතිමා ඉවත් කෙරෙව්වා. භාග්‍යවතුන් වහන්සේගේ පිළිම වහන්සේ නමක් තැබුවා. ඒක අලංකාර රාජමහා විහාර මන්දිරයක් බවට පත්කොළා. දිනපතා බුද්ධෝපස්ථානයේ යෙදුනා. රජ්ජුරුවෝ බොහොම පින් කොරගත්තා. පවෙන් බේරුනා නොවැ.

"ඉතින් ආච්චියේ.... ඒ රජ්ජුරුවෝ බේරුන හැටි නම් හරි පුදුමයි නේද?"

"ඔව් පුතේ.... ඒ රජ්ජුරුවෝ බේරුනේ තුනුරුවන්ට ජීවිතේ පූජා කොරපු උපාසකවරු පිරිසක් හිටිය නිසයි.

අද කාලේ එහෙම දෙයක් වුනෝතින් ඒකට මක් වෙනවාද කියලා කවුරුත් කරබාගෙන සිටීවි. එහෙම නැත්නම් හැමෝම බකන්නිලාන සිටීවි.” කියලා ආච්චි හිනැහෙන්ට පටන් ගත්තා.

“ඒක ඇත්ත අම්මා.... අද කාලේ වුනත් තිසරණේට දිවි පිදූ පිරිසක් සිටියොත් තමයි යහපත සිද්ධ වෙන්නේ. එහෙම දෙයක් වුනෝතින් දැන් බෞද්ධ වේශයෙන් ඉන්න චණ්ඩාල උපාසකවරුත් තිරුපති යාවි. ඕකුන්ට තිසරණේ නෑ නොවැ” කියලා අපේ තාත්තා පත්තරේ පැත්තකට වීසි කළා.

(සද්ධර්මාලංකාරය ඇසුරෙනි)

12

"පුතේ, හෙට උපෝසථ දවස නේද? මහ පෝය නොවැ. මේ ගෞතම බුදු සසුන බබුළුවාලූ මහා වීරියවන්ත රහතන් වහන්සේලාගේ සීලයට උපහාර දක්වන්ට අපිත් යන්ට ඕනෑ. අපිත් ගොහින් අෂ්ටාංගික උපෝසථයේ සමාදන් වෙන්ට ඕනෑ. මයෙ පුතාලා උතුරු සළු එහෙම සූදානම් කොරගත්තා නේ ද?"

"ඔව්... ආච්චි.... ඒ වගේම මට ආච්චිගෙන් කරුණක් දැනගන්ට ආසයි."

"අහන්ට පුතේ... හොඳ දේ අසාකියා දැන ගන්නවා හොඳ දරුවෝ."

"ආච්චි... මං අහන්ට හිටියේ ඒ කාලේ වැඩහුන් රහතන් වහන්සේලාට මහා වීරියක් තිබුණා කියන්නේ මොකක්ද ආච්චි?"

"හප්පේ මයෙ පුතේ... අපේ සම්බුදුරජාණන් වහන්සේගේ පුත්‍ර වූ ඒ මහෝත්තමයන්ගේ වීරිය මහා පුදුමයි නොවැ.... ඕං... මට අපූරු කතාවක් මතක් වුණා."

"අනේ ආච්චියේ... ඒ කතාව කියන්ට.... අපිත් අහන්ට ආසයි!"

"ඒක අපේ රටේ වෙච්චි දෙයක් පුතේ... ඔන්න ඒ

කාලේ මාගම්පුරේ වල්ලිය කියන වීදියේ පොඩි පැලක පවුලක් වාසය කළා. එයාලා ගොඩාක් දුප්පත්. ඒ තාත්තා දර විකුණලා පවුල නඩත්තු කොළේ. ඒ නිසා එයැයිට කිව්වේ දාරුභණ්ඩික තිස්ස කියාලා.

දවසක් ඒ ගෙදර හාමිනේ මෙහෙම කිව්වා. "අනේ අපේ දුප්පත් ජීවිතේ තේරුම මොකක්ද! ශාස්තෘන් වහන්සේ වදාළේ දුප්පත් වෙලා ඉඳගෙනත් සැදැහෙන් දෙන දානය මහා බලසම්පන්නයි කියලා. අපිත් අනේ සංඝයාට දානයක් පූජා කොරගනිමු."

එතකොට පුතේ, දාරුභණ්ඩික තිස්ස ඒ අදහසට කැමැති වුණා. ඉතින් දවසක් කොළ වෑංජනේකුයි බතුයි ඇන්න ගොහින් පොඩිනමලාට පිණ්ඩපාතේ බෙදුවා. එක පොඩිනමක් තමන්ට ලැබුණු ඒ දානෙ පැත්තකට හැලුවා. ඉතින් පුතේ මේක අර උපාසිකාව දැක්කා. දැකලා කඳුළු වගුරුවාගෙන ගිහින් උපාසකට කිව්වා. එතකොට උපාසක මෙහෙම කිව්වා. "හාමිනේ... අපි බොහොම දුප්පත් නොවැ. ආර්යයන් වහන්සේලාට සුවසේ වළඳින්ට මොකවත් පූජා කොරගන්ට අපට බැරි වේවි."

"නෑ අනේ... දරුවන් ඉන්න පවුල් කොහොමෙයි දුප්පත් වෙන්නේ? අපේ මේ දූව ගෙදරක වැඩට නවත්තමු. කහවණු දොළහක් ගන්ට ඇහැකි. ඒකෙන් අපි කිරි එළදෙනක් ගම්මු. එතකොට ආර්යයන් වහන්සේලාට මිහිරි කිරිවලින් බත් හදලා දෙන්නට පුළුවනි."

ඒ කාලේ මිනිසුන්ට තුනුරුවන් ගැන තිබූ පැහැදීම හරි පුදුමයි පුතේ. ඉතින් එයාලා තමන්නේ දරුවා ගෙදරක වැඩට තියාලා කහවණු දොළහක් අරගෙන එයින් කිරි වැස්සියක් ගත්තා. මේ වැස්සි උදේට කළ තුනකට කිරි

දෙනවා. සවසටත් කළ තුනකට කිරි දෙනවා. සවසට ගත්තු කිරි මුදවනවා. කලින් දවසේ මිදුනු කිරිවලින් ගිතෙල් හදනවා. ගිතෙල් මුසු බත් පිසලා සංඝයාට දන් දෙන්ට පටන් ගත්තා. ඔවුන්ගේ පිනට ම යි පුතේ ඒ දන් වළඳන්ට මහා පින්වත් සඟරුවන ම යි වැඩියේ.

ටික දවසක් ගියා. දාරුභණ්ඩිකතිස්ස උපාසක උපාසිකාවට මෙහෙම කිව්වා. "හාමිනේ... අපේ මේ කල්‍යාණ දන්වැට ඔයා දිගට ම පවත්වන්ට. මං ගිහින් කුලීවැඩක් කොරලා කෙලීව බේරාගන්ට සල්ලි හොයාන එන්නම්" කියලා පිටත් වුණා. උක් අඹරන තැනක සය මාසයක් වැඩ කොරලා කහවණු දොළහක් උපයාගත්තා. ආපසු ගෙදර බලා පිටත් වුණා.

ඔය අතරේ පුතේ, අම්බරිය විහාරයේ වැඩසිටිය පිණ්ඩපාතිකතිස්ස යන තෙරුන්නාන්සේ තිස්සමහාවිහාර චෛත්‍ය වඳින්ට ඕනෑ කියලා මාගමට යන්ට පිටත් වුණා. උපාසකත් ගෙදර යන ගමන්. අර තෙරුන්නාන්සේව දැකලා 'අපගේ ආර්යයන් වහන්සේගෙන් ධර්ම කතා අසමින් යන්ට ඕනෑ' කියලා තෙරුන් ළඟට ගොහින් වන්දනා කරලා දැන් දෙන්නම ගමනේ පිටත් වුණා. දවල් වේගෙන එද්දී උපාසක මෙහෙම හිතුවා. 'අනේ මගේ අතේ බත් මුලක්වත් නෑ නොවැ. දැන් දානෙ වෙලාවත් ළඟයි. ළඟපාත ගෙයක් දොරක් නෑ. මයෙ ළඟ සල්ලි තියෙනවා. ගම්දොරට ආවොත් මං දානෙ ටිකක් පූජා කරගන්නවා' කියලා හිතනකොට ම බත්මුලක් අතට ගත් මගියෙක් එතැනට ආවා. අතේ තිබුණ බත්මුල දැකලා උපාසක ඒ මිනිහා ගාවට ගියා. "මේ යාළුවා... මට ඔය බත්මුල ගන්ට පුළුවන් ද? මං කහවණුවක් දෙන්නම්."

එතකොට ඒ මිනිහා මෙහෙම හිතුවා. 'ම්... මේ බත්මුල එක මස්සක්වත් වටින්නෑ. මෙයා මේකට කහවණුවක් ම දෙන්ට ලෑස්තියි. මං එහෙනම් මේකේ ගාණ උස්සන්ට ඕනෑ' කියලා ගාණ ඉස්සුවා. අන්තිමේ බත් මුලේ ගාණ කහවණු දොළහක් වුණා. එතකොට ඒ මිනිහා තවත් ගාණ වැඩි කොරන්ට හැදුවා. උපාසක කිව්වා "අනේ මිත්‍රයා... මගේ අතේ වෙන සල්ලි නෑ. කහවණු දොළහ ම යි තියෙන්නේ. ඔයාට පේනවා ද අර රුක් සෙවණෙ වැඩ ඉන්නවා ආර්යයන් වහන්සේනමක්. මං මේ බත්මුල ගන්නේ උන්නාන්සේට දානෙ පිණිසයි. මට කන්ට නොවේ."

"හා.... ඒකට මක් වෙනවා ද. එහෙනම් කෝ මට කහවණු දොළහ දෙන්ට. මං බත්මුල දෙනවා."

හරි පුදුමයි මයෙ පුතේ... එතකොට ඒ උපාසක තමන්ගේ දුව බේරාගන්ට තිබුණු සියලු ධනය අර මිනිහාට බත් මුලක හිලව්වට දුන්නා නොවැ.

ඉතින් පුතේ උපාසක බත් මුල අරගෙන හිනාවෙවී තෙරුන්නාන්සේ ළඟට ගියා. "ස්වාමීනී... පාත්තරේ එළියට ගන්ට. දානෙ තියෙනවා" කිව්වා. බත් මුලෙන් භාගයක් පාත්තරයට දමද්දී තෙරුන්නාන්සේ අත වැහැව්වා. "නෑ ස්වාමීනී... මේක දෙන්නෙකුට සෑහෙන්නේ නෑ. මට යහපත පිණිස මා කෙරෙහි අනුකම්පාවෙන් මං වෙහෙස මහන්සියෙන් ගත්තු මේ මුළු බත් මුල ම වළඳින්ට ස්වාමීනී" කිව්වා. එතකොට තෙරුන්නාන්සේ 'මේ උපාසකගේ කතාවේ මොකාක්හරි තේරුමක් ඇති කියලා බත් මුල පිළිගත්තා. උපාසක ඉක්මනින් ගිහින් වළඳින්ට පැන් අරගෙන ඇවිත් දුන්නා.

ඉතින් පුතේ දානෙන් පස්සේ තෙරුන්නාන්සෙයි උපාසකයි දෙන්නම ගමනට පිටත් වුණා. තෙරුන්නාන්සේ ප්‍රශ්න කළා. "උපාසක... ඇත්ත කියන්ට... මට විතරක් දානෙ දීලා ඔබ අනුභව නොකළේ ඇයි?"

"අනේ ස්වාමීනී, අපි දන් දෙන්ට ආසා නිසා ම අපේ මායියා එක්ක කතාවෙලා අපේ කෙලීව ගෙදරකට වැඩට දුන්නා. ඒකෙන් කහවණු දොළහක් ලැබුණා. ඒ සල්ලිවලින් වැස්සියක් ගත්තා. අනේ අපේ වාසනාව ස්වාමීනී.... වැස්සි උදේ හවා කිරි කළ තුන ගානේ දෙනවා. ඉතින් අපි ගිතෙල් මුසු බත් පූජා කරනවා. ඊට පස්සෙ ස්වාමීනී, මං අපේ කෙලීව බේරාගන්ට උක් කර්මාන්ත ශාලාවක හය මාසයක් වැඩ කොළා. කහවණු දොළහක් එකතු කොරගත්තා. කෙලීව බේරාගන්ට යද්දි තමයි තමුන්නාන්සේව මුණගැහුනේ. මට හරි සතුටුයි ස්වාමීනී. කහවණු දොළහ ම දීලයි මං අද බත් මුල අරගෙන පූජා කොරගත්තේ. කෙලීව බේරාගන්ට මං ආයෙ පස්සෙ වැඩට එනවා."

මේ සැදැහැවත් උපාසකගේ කතාව අසාගෙන තෙරුන්නාන්සේ නිශ්ශබ්ද වුණා. මෙහෙම හිතුවා. "හප්පේ... මේ උපාසක බුද්ධ ශාසනේ ගැන මොනතරම් පැහැදීමකින් ද ඉන්නේ. පුදුමාකාර දෙයක් නොවැ මේ කළේ! මහා දුස්කර දෙයක් නොවැ! මං මේ පිණ්ඩපාතයට කෙළෙහි ගුණ දක්වන්ට ඕනැ. මට පාඩුවේ ඉන්ට තැනක් ලැබුණොත් සම් මස් ලේ වේළිලා ගියාට කමක් නෑ. නිකෙලෙස් වෙන්ට ම වීරිය කරනවා" කියලා හිතුවා.

ඉතින් පුතේ, තෙරුන්නාන්සේ තිස්සමහාවිහාරයට ගොහින් චෛත්‍යරාජයා වන්දනා කොළා. ආගන්තුක

වත් කළා. තමන්ට ලැබුණු කුටියට ගිහින් ඇතිරිය අතුරා භාවනාවට වාඩිවුණා. පසුදා එළිවෙන තුරු වීරිය කළා. චිත්ත සමාධියවත් ඇති වුණේ නෑ. වීරිය අත්හැරියේ නෑ. පිණ්ඩපාතේ අත්හැරියා. දවස් හතක් ම එකදිගට වීරිය කළා. සත්වෙනි දවසට එළිවෙන්නට තියෙද්දි උතුම් රහත් ඵලයට පත් වුණා. තමන්ට තව කොපමණ කලක් ජීවත් වෙන්ට තියෙනවා ද කියලා නුවණින් බැලුවා. ආයුෂ අවසන් වේගෙන යන බව අවබෝධ වුණා.

කුටිය පිරිසිදු කොට විහාර මළුවට ගිහින් ගෙඩිය ගහලා සංඝයා රැස් කළා. "ස්වාමීනී, වෙනත් දේකට නොවෙයි ගෙඩිය ගැහැව්වේ. මාර්ගය ගැන හරි ඵලය ගැන හරි සැකයක් ඇත්නම් අසන සේක්වා!"

"සත්පුරුෂ ආයුෂ්මතුනි... අපි ඔබ ගැන දන්නවා නොවැ. ඔබ වැනි අය නැති ගුණ කියන අය නොවේ. ඔබේ රහත්ඵලය ගැන අපට සැකයක් නෑ. අපි අහන්නේ මේකයි.... මේ තරම් වීරිය ගන්ට ඔබට ඇති වූ සංවේගය මොකක්ද?"

එතකොට පුතේ අපේ තෙරුන්නාන්සේ ඔක්කෝම විස්තරේ සංඝයාට කිව්වා....... "ඉතින් ස්වාමීනී... ඕන්න ඔය විදිහට වළඳපු දානය හරි විදිහට දිරවන්ටයි මං මේ වීරිය කළේ" කියලා කිව්වා. භික්ෂූන් වහන්සේලා සාධුනාද පැවැත්තුවා. "ස්වාමීනී, මං අධිෂ්ඨානයක් ගත්තා. දාරුභණ්ඩිකතිස්ස උපාසක මගේ සිරුර තැන්පත් දෙණට අත තියන කල් සෙලවෙන්ට එපා කියලත් අදිටන් කළා" කියලා කිව්වා.

රහතන් වහන්සේනමක් පිරිනිවන් පෑවා කියලා හැමතැන ම ආරංචි වුණා. කාවන්තිස්ස රජ්ජුරුවෝ

ඇවිත් තෙරුන්ගේ සිරුර වැඳපුදා ගත්තා. ආදාහනය පිණිස දෙණ ගෙනියන්ට ඔසවන්ට සූදානම් වුණා. කිසිම කෙනෙකුට සොලවන්ටවත් බෑ. එතකොට රජ්ජුරුවෝ සංඝයාගෙන් කරුණු විමසුවා. භික්ෂූන් වහන්සේලා සිදුවුණු දේ රජ්ජුරුවන්ට කිව්වා. රජ්ජුරුවෝ උපාසකව කැඳෙව්වා.

"හැබෑද පින්වත... තොප මීට සත් දිනකට කලින් කිසියම් මාර්ගයක ගමන් කරද්දී භික්ෂූන් වහන්සේනමකට බත්මුලක් පූජා කළා ද?"

"එහෙමයි දේවයන් වහන්ස."

"ඔබ ඒ බත්මුල ලබාගත්තේ කොහොමද?" එතකොට උපාසක සියලු විස්තර කිව්වා. "එහෙනම් ගිහින් බලන්ට. ඔබ ඒ බත්මුල පූජා කළේ අර දෙණේ සැතපී සිටින තෙරුන්ට ද, වෙන කෙනෙකුට ද?"

එතකොට උපාසක එතැනට ගිහින් තෙරුන්ගේ දේහය දැක හඳුනාගත්තා. දෑතින් පපුවට ගසාගෙන හඬා වැලපෙමින් රජ්ජුරුවන් ළඟට දිව්වා. "අනේ දේවයන් වහන්ස, ඒ මගේ ආර්යයන් වහන්සේ තමයි. අනේ මං බොහෝම ආදරෙන් උපස්ථාන කොළේ" කියලා වැලපෙන්ට පටන් ගත්තා.

"හරි... පින්වත... දැන් ඉතින් කරන්ට දෙයක් නෑ. උන්නාන්සේ පිරිනිවන් පෑවා. දැන් මේ ඇඳුම් ඇඳගෙන එන්ට. ඇවිත් අපගේ ආර්යයන් වහන්සේට වන්දනා කොට දෙණ ඔසවන්ට" කියලා උපාසකට වටිනා වස්ත්‍ර යුගලක් දුන්නා. උපාසක තමන්ගේ කිලිටි වස්ත්‍ර ඉවත් කරලා ඒ වස්ත්‍ර ඇඳගෙන ඇවිත් තෙරුන්නාන්සේට

වන්දනා කොරලා උන්වහන්සේගේ පාකමල් තමන්ගේ හිස මත තැබුවා. එතකොට ම ටිකෙන් ටික දෙණ අහසට එසැවුණා. අහසින් ම චිතකයට වැඩියා. සතර කොණින් ඉබේට ම ගිනි ඇවිළුනා. හැමෝම මහා හඬින් සාදුකාර දුන්නා.

ඉතින් පුතේ... මෙවැනි වීර්යවන්ත උත්තමයන් වහන්සේලා අපගේ මහාවීර වූ ශාස්තෘන් වහන්සේගේ උතුම් බුද්ධ ශාසනේ හැර වෙන කොයින් සොයන්ට ද?

13

එදා රාත්‍රී මං අපේ ආච්චි ළඟින් වාඩි වුනේ මගේ සිතේ තිබුණු ප්‍රශ්නයකට පිළිතුරක් සොයා ගන්ටයි. ඉතින් මං ආච්චිට කිට්ටුවෙලා මෙහෙම ඇහැව්වා.

"ආච්චියේ.... දැන් අපි මේ ආත්මේ යම් පිනක් කළොත් ඒ ගැන අපි ගොඩාක් සිතුවේ නැතත් ඒ පිනේ විපාක අපට ලබන ආත්මේ පලදෙනවා ද?"

"ඒක මෙහෙමයි පුතේ... ඕන්න අපි මොකාක් හරි පිනක් කරනවා කියමු. හැබැයි ඒක කොරන්ට ඕනෑ අනුන්ට පෙන්නන්ට නොවේ. තමුන්නේ උජාරුව පාරට්ටු කොරන්ට ත් නොවේ. 'ඕං දැක්කා නොවැ මං කොරාපු පින.... උඹලාට මෙහෙම බෑ නොවැ' කියලා උඩඟු සිතිනුත් නොවේ... ශ්‍රද්ධාවෙන් ම යි. ඔව් පුතේ... ශ්‍රද්ධාවෙන් ම යි පින කොරගන්ට ඕනෑ. ආන්න ඒ පින නම් තමුන්ට සැප විපාක දෙනවා ම යි."

"ඉතිං ආච්චි... එහෙම පිං කරගත්තු අය ගැන කතාවක් අහන්ට මං හරීම ආසයි ආච්චියේ..."

එතකොට ආච්චි දත් නැති කටින් හරිම ලස්සනට හිනා වුනා.

"මයෙ පුතා... කතාවක් අහන්ට ආසයි නොවැ. ඕං එහෙනං අහගන්ට හොඳේ.

ඉස්සර පුතේ අනුරාධපුරේ උත්තරෝලි කියලා ගමක් තිබුණා. ඒ ගම ඉහත්තෑවේ හරක් බලන ගොපලු මිනිසුන් ඉන්න ගමකුත් තිබුණා. ඔය ගමේ දිළිඳු අම්මා කෙනෙක් තමුන්නේ පුතාට කලින් දා රෑට කන්ට තම්බාපු කටු අලයක් දුන්නා. "පුතේ... අද වෙන මොකොවත් නෑ. හීලටයි දාවලටයි පිරිමසින්ට මේක ඇන්න පලයං" කියලා.

ඉතිං පුතේ මේ කොලුවත් අර කටුඅලෙත් ඔතාගෙන හරක් පට්ටියට තණකොළ කවන්ට දක්කාගෙන ගියා. එදා දවල් වේගෙන එද්දී ඒ පැත්තෙන් එක්තරා තෙරුන්නාන්සේ නමක් වැඩියා. කොලුවට තේරුනා උන්නාන්සේ කුසගින්නේ වඩින වග. ඉතිං මේ කොලුවා බොහෝම ශ්‍රද්ධාවෙන් සිත පහදවාගෙන අර තෙරුන්නාන්සේට වන්දනා කොළා. "අනේ ස්වාමීනී... මගේ ළඟ ඊයේ තම්බාපු කටු අලයක් තියෙනවා. මට අනුකම්පාවෙන් මෙය පිළිගෙන දානය වළඳින සේක්වා" කිව්වා.

එතකොට තෙරුන්නාන්සේ ගස් සෙවනක වාඩිවුනා. කොලුවා කටුඅලේ පූජා කොරගත්තා. උන්නාන්සේ ඒ කටුඅලය පිළිඅරගෙන මෙහෙම කල්පනා කොළා. 'අනේ... මේ ළමයා මහා දිළිඳුයි. මේ පූජාවෙන් මේ ළමයාට යහපතක් ම සලසන්ට ඕනෑ' කියලා පාත්තරේ පැත්තකින් තියලා තවදුරටත් භාවනාවේ ම යෙදුනා. බලන්ට පුතේ ආශ්චරිය! ඒ තෙරුන්නාන්සේගේ අනුකම්පාව නිසා ම සිතත් හොඳට ධර්මය අනුව සැකසුනා. රහත් ඵලයට පත්වුනා. ඊටපස්සේ උන්නාන්සේ ඒ කටුඅලය වළඳලා දරුවාට සෙත් පතලා පිටත් වුනා.

ඉතිං පුතේ, මේ දරුවා තමුන් කුසගින්නේ සිට පූජා කොරගත්තු දානේ මහත්ඵල ලබා දෙන දෙයක් වුන බව දැනං හිටියේ නෑ. හැබැයි ඒ ආත්මේ නොවෙයි ඒක විපාක දුන්නේ. ඊළඟ ආත්මේ.

මේ දිළින්දා දුකසේ ජීවිකාව ගෙවලා මැරුණා. මැරිලා හිටං ඒ ගමේ ම වෙනත් ඉස්තිරියාවකගේ කුසේ උපන්නා. කටුඅලේ පූජා කොරාපු පින පලදෙන්ට යන්නේ හරි පුදුම විදිහකට. ඔය උත්තරෝලි කියන ගමේ උත්තරෝලි කියලා වැවකුත් තියෙනවා. ඔය වැවේ ලොකු රත්තරන් අලයක් වතුරේ එහාට මෙහාට පෙරලි පෙරලී පාවෙවී තියෙන්ට පටන් ගත්තා.

මේක දැන් හැමෝටම පේනවා. හැබැයි අල්ලගන්ට බෑ. දවසක් එක ගෑණියක් වතුරේ රැළි අතරේ පෙරලෙන නිධානේ දැකලා පීනාගෙන ගොහින් අතට ගත්තා. එතකොට නිධානෙට අරක්ගත් දේවතාවුන්නාන්සේ ඒක ඈ අතින් ලිස්සලා ගෙනිච්චා. එතකොට ඒ ගෑණු කෙනා ආයෙමත් පැනලා අල්ලාගත්තා. එතකොට ඒ නිධානය ගත්තු අතේ ඇලී ගියා. උන්දෑ හොඳටෝම භය වුනා. භය වෙලා 'අනේ දේවතාවුන් වහන්ස, ආයෙ නං මං මෙහෙම කොරන්නේ නෑ' කියාලා තමුන් ඇඳගෙන සිටි දියරෙද්දෙන් තමන් පැළඳ සිටි කනකර ගලවා ඔතලා, අතේ ඇලවී ගිය නිධානය ඒ රෙද්දෙන් එතුවා. එතකොට නිධානය අර රෙද්දත් එක්ක ම ගැලවිලා වතුරේ කිමිදුනා. උන්දෑ හනිකට නිරුවතින් ම ගොඩට දුවලා ගොඩ තිබුණ අනිත් රෙද්ද ඇඳගෙන ගෙදර දිව්වා.

මේක මුළු ගමට ම ආරංචි වුනා. ගම්මු හැමෝම නිධානය බලන්ට දුවගෙන ආවා. දැන් පුතේ කටුඅලය

පූජා කොරාපු කොලුවා ආයෙමත් මනුස්ස ලෝකේ ඉපදිලා නොවැ. හැබැයි තවම මව්කුසේ. ඒ අම්මත් තමුන්නේ ලොකු පුතාත් වඩාගෙන නිධානෙ බලන්ට වැවට ආවා. නිධානේ අර රෙද්දත් එක්ක ම වතුරේ පැද්දෙනවා. එතකොට මිනිස්සු නිධානෙ දෙස බලාන මෙහෙම කිව්වා. "අනේ... අපට පිනක් ඇත්නං අපේ ළඟට වඩින්ට" කිව්වා. නමුත් ආවේ නෑ.

දවසක් අර අම්මාත් හොරාට ම වැවට ගියා. ගිහින් 'අනේ මටත් පිනක් ඇත්නම් මගේ ළඟට වඩින්ට' කියලා කිව්වා. එතකොට නිධානෙ ළඟට ඇවිත් නැවතුනා. ළං වුනේ නෑ. "අනේ එහෙනම් මං වඩාගෙන ඉන්න මේ දරුවාගේ පිනක් ඇත්නං ළඟට වඩින්ට" කිව්වා. ඒ ආවෙත් නෑ. එතකොට ඈ 'අනේ මයෙ කුසේ ඉන්න දරුවාගේ පිනක් ඇත්නං නිධානේ ළඟට වඩින්ට' කිව්වා විතරයි නිධානය පෙරලි පෙරලී ඇවිත් ඒ අම්මාගේ පාමුල නැවතුනා. එතකොට අම්මා කලින් කාන්තාවට වෙච්චි දේ දන්නා නිසා අතින් අල්ලන්ට ගියේ නෑ. "අනේ නිධානේ, තමන්ට සුදුසු තැනකට ගොහින් නවතින්ට" කියලා කිව්වා. එතකොට පුතේ, ඒ අම්මා පුදුමයෙන් බලාන ඉන්නැද්දි ඒ රන් ගොබේ පෙරලි පෙරලී උන්දැගේ ගෙදරට ගොහින් ඇඳුම් පෙට්ටියේ තැන්පත් වුනා. මේක ගමේ වෙන කවුරුවත් දන්නේ නෑ. කුසේ ඉන්න දරුවත් ඉපදුනා. හැබැයි අර නිධානෙන් ලැබෙන වස්තුව වියදම් කොරන්ට පුළුවන් ඒ දරුවාට විතරයි.

ඉතින් පුතේ, මේ දරුවාට අවුරුදු පහක් වුනා. ඒ කාලේ ලංකාවේ දරුවන්ට ශිල්ප උගන්වන මංගල්ලේ තියෙන්නේ වයස පහේදී. අර අම්මා එදා නිධානය එතී තිබුණු වස්ත්‍රය ළමයාට අන්දවා උත්සවයට ගෙන ගියා.

කලින් වැවේ නාන්ට ගොහින් ඇඳිවත අහිමි කොරගත්තු ඉස්තිරියාවී තමුන්නේ වස්තරේ හඳුනාගත්තා.

"හෑ... බොලාට කොහින් ද මේ වස්තරේ... මේක මයේ නොවැ. මේක වැවේ නිධානේ එතිලා තිබුණේ.... බොලාට කොහොමෙයි මේක ලැබුණේ?"

එතකොට දරුවාගේ අම්මා හැම දෙයක් ම ඈට කිව්වා. එතකොට අර ගෑණු කෙනාට මහා ඉරිසියාවක් හටගත්තා.

"හෝ... හෝ... එහෙනං තොපි මේ රජ්ජුරුවෝ සන්තක වස්තුව ඇන්න හොරාට ම සැප විඳිනවා. බොලාට රාජ උදහස් ලැබේවි... හිටිං මං රාජපුරුෂයන්ට තොපි අල්ලා දෙඤ්ඤං" කියලා රාජපුරුෂයන්ට පැමිණිලි කළා.

රාජපුරුෂයෝ අර අම්මයි, දරුවන්වයි නිධානයයි රාජවාසලට ගෙන්නුවා. රජ්ජුරුවෝ නිධානේ අල්ලන්ට හැදුවා. නිධානේ පස්සට පැන්නා.

"හා... මේ නිධානේ මා සතු දෙයක් නොවේ. දරුවෝ... එහෙනම් මට මේකෙන් වස්තුව අරගෙන දීපං බලන්ට."

"එතකොට පස් හැවිරිදි දරුවා රන් ගොබේට අතින් පැන් ඉස්සා විතරයි. රන් ගොබෙන් සල සල ගාලා රන්කාසි ගොඩාක් එළියට පැන්නා.

"ඕහෝ.... දරුවෝ... මේක තොපගේ පූරුවේ පිනකින් ලැබුණු දෙයක් වෙන්ට ඕනෑ" කියලා පුදුමයට පත්වෙලා ඒ නිධානය දරුවාට ම දුන්නා. ඒ ගමත් තෑගි කොළා. බොහෝ පිරිවරත් දුන්නා.

ඉතිං පුතේ, ඒ දරුවා නිධානේ බලෙන් සැපසේ වාසය කළා. උස මහත් උනාට පස්සේ දරුමල්ලෝ එක්ක බොහෝ දන්පින් කළා. සිල් රැක්කා. ඒ ඇත්තන්ගේ මුළු පවුල ම දෙව්ලොව උපන්නා. දිව්‍යලෝකේ ගිය ඒ ගොපලු දිව්‍යපුත්‍රයා දිව්‍ය සැප විඳිමින් මෙහෙම ප්‍රීති වාක්‍ය කිව්වා.

සැදැහැ සිතින් කළ පින්කම්වල තෙද   බලපන්නේ
නිධන් විලස මා පසුපස සැපයක් ම යි   එන්නේ
තම යහපත කැමති කෙනා මා දෙස   බලපන්නේ
නුවණැති අය නොකරන පින කුමක් ද   කියපන්නේ

(සද්ධර්මාලංකාරය ඇසුරිනි)

14

එදා අපේ ආච්චි බණ පොතක් කියවමින් සිටියා. මාත් නංගීත් ගිහින් ආච්චි ළඟින් වාඩි වුණා. එතකොට ආච්චි අපි දිහා බලාගෙන දත් නැති කටින් ලාස්සනට හිනැහුණා.

"ඇයි මයෙ පුතේ..?"

"ආච්චි... මට ආච්චිගෙන් අසාගන්ට දෙයක් තියෙනවා."

"ඔව්... පුතේ... එහෙනම් ඉතිං කියමුකෝ බලන්ට."

"ආච්චි... ඉරිසියාව කියන්නේ මොකක්ද ආච්චි?"

"හාපෝ... පුතේ ඒක මහා භයානක දෙයක් නොවැ. මනුස්සයෙකුගේ යහපත වනසා දමා බොහෝ පව් රැස් කරගන්ට ඔය ඉරිසියාව තරම් භයානක තවත් කෙලෙස්සයක් නැතෙයි කියන්ට පුළුවනි. පුතේ... ඉරිසියාව කියන්නේ තව කෙනෙකුගේ දියුණුවට අකැමැතිකොම නොවැ. ඒ කියන්නේ කවුරුහරි හොඳට ඉගෙන ගන්නවා නම්, ලස්සනට ගෙයක් දොරක් හදාගන්නවා නම්, හොඳ රස්සාවක් කරනවා නම්, වාහනයක් ගන්නවා නම් ඒකට කැමති නෑ. ඒකයි ඉරිසියාව. කොටින්ම ස්වාමීන් වහන්සේ නමක් ලස්සන විහාරයක් හැදුවොත් ඒකටත්

ඉරිසියා කරනවා. පන්සලකට වැඩිපුර සෙනඟ ගියොත් ඒකටත් ඉරිසියා කරනවා. අනේ පුතේ, මේ කාලේ අපේ රටේ මිනිස්සු සනීප කොරගන්ට බැරි විදිහට ම ඉරිසියාව නැමැති රෝගයෙන් හොඳටෝම ඔත්පල වෙලා කිව්වට වැරදි නෑ මයෙ හිතේ. ඉරිසියාව නිසා ම යි නීච වෙලා ඉන්නේ... ඉරිසියාව කියන්නේ පුතේ අසත්පුරුෂයාගේ ධජය යි.... පුතේ... ඕං මට දැන් ලස්සන කතාවක් මතක් වුණා.

"අනේ ආච්චියේ, අපට ඒ ලස්සන කතාව කියාදෙන්ට."

"ඒ මෙහෙමයි පුතේ... ඉස්සර අනුරාධපුරේට කිට්ටුවෙන් මහේළ කියා නුවරක් තිබුණා. ඔය නුවර දුබ්බිට්ඨිමහාතිස්ස කියා ඇමතියෙක් වාසය කොළා. උන්දෑ හරිම සැදැහැවතා. මහා දානපතියා. උන්දෑ විතරක් නොවේ උන්දැගේ බිරින්දෑත් ඒ වගේ ම තමා. මහා සැදැහැවතියක්. සරු සාරෙට කුඹුරුවතුපිටි එහෙමත් උන්දෑ සන්තකව තිබ්බා.

ඉතින් පුතේ, දවසක් මේ ඇමතිතුමාගේ කුඹුරුවල වප්මඟුල් දවසක් ආවා. ඒ කියන්නේ මහා කුඹුරු යාය සීසාන්ට පටන් ගන්නා දවස. එදා හරි ජයට වප් මගුල් උස්සවේ ලේස්ති කරගෙන තිබුණා. කුඹුරු හාන ගොන්නුන්වත් ලාස්සනට සරසා තිබුණා. ලස්සනට හිසේ ජටා බැඳපු ජනයා නගුල් සූදානම් කොළා. කෑම් බීම් රසට හදා තිබුණා. ඒ හැම දෙයක් ම ලෑස්ති කරගෙන ඕං දැන් හෙට උදේට වප් මඟුලට සූදානම් කොරලා තිබුණා.

බලන්ට පුතේ, මේ ලෝකේ හැටි. ඕං හෙට වප් මඟුල. අද අසත්පුරුෂයෙක් මෙහෙම කල්පනා කොළා.

'හහ්... තිස්ස ඇමැතියා හෙට වප් මඟුල් උස්සවේ කොරනවා නොවැ. ඒකාට එන්ට එන්ට ම සරුයි. අපට තමයි මොකොවත් නැත්තේ. මං තිස්ස ඇමැතියාගෙන් ණයකුත් ගත්තා. මං මේකාගේ වප්මඟුල කොහෝමහරි නවත්තන්ට ඕනෑ. කඩාකප්පල් කරන්ට ඕනෑ. මේකාට මූණ දෙන්ට බැරි විදිහේ වැඩක් කරන්ට ඕනෑ. මේකාට දියුණු වෙන්ට නම් දෙන්ට හොඳ නෑ' කියලා.

ඉතින් පුතේ.... ඒ අසත්පුරුෂයා මෙහෙම හිතන්නේ තිස්ස ඇමතියාගෙන් ණයකුත් අරගෙන තියෙද්දි යි. බලන්ට පුතේ... උදව් ලැබූ මිනිසාව ම නැති කරන්ට හිතන හැටි. හප්පේ... මෙහෙමත් මිනිස්සු...! ඊට පස්සේ ඒ අසත්පුරුෂයා මෙහෙම හිතුවා.

'හහ්... ඔය තිස්ස ඇමතියා මහා සැදැහැවතෙක් ලු නොවැ. හරි... මං කරඤ්ඤං වැඩේ' කියලා මේකා කෙලින් ම ගියා අනුරාධපුරේ අභයගිරි මහා විහාරෙට. ගොහින් තිස්සදත්ත මහතෙරුන්නාන්සේ මූණ ගැසුණා. මෙහෙම කීවා. "අනේ ස්වාමීනී, මං මේ ආවේ අපේ තිස්ස ඇමතිතුමාගේ ආරාධනාවකට යි. එතුමා හෙට දවසේ භික්ෂූන් වහන්සේලා පන්සිය නමකට මහා දානයක් පූජා කොරගන්ට ඕනෑමලු. ඒ වෙනුවෙන් ලකලෑස්ති වෙලා ආශාවෙන් බලා ඉන්නවා. අනේ... ඒ නිසා ඔබවහන්සේ පන්සියයක් භික්ෂූන් වහන්සේලා සමග තිස්ස ඇමතිතුමාගේ නිවසට හෙට උදේ ම වඩින සේක්වා! කියා ආරාධනා කොළා. ඉතින් පුතේ... මේක ඇත්තක් ය කියා සිතපු තිස්සදත්ත තෙරුන්නාන්සේත් ඒ මිනිසාගේ ආරාධනය භාරගත්තා.

දැන් පුතේ අපේ අර ඇමතිතුමා මේ දානයක වගක්

මොකෝවත් දන්නේ නෑ. පසුවදා උදෑසනින් ම තමුන්නේ සේවක ජනයාත් එක්ක වප් මඟුලට පිටත් වෙලා ගියා.

ඔය අතරේ එදා උදේ ම තිස්සදත්ත නායක තෙරුන්නාන්සේ පන්සියයක් භික්ෂූන් පිරිවරාගෙන ඇමතිතුමාගේ නිවසට වැඩියා. ඒ වෙද්දී තිස්ස ඇමතියාගේ බිරිඳ වප්මඟුලට ආහාරපාන සකසන්ට සූදානම්ව බොහෝ කලබොලේට හිටියේ. තමන්ගේ නිවසට දානය පිණිස හදිසියේ ම වැඩම කළ සංඝයා වහන්සේ දුටු ගමන් ඈ මහත් සතුටින් ගොහින් වන්දනා කොළා. ආසන පනවා වැඩඉන්ට සැලැස්සුවා. නමුත් ඒ ගෙදර මනුෂ්‍යයන් වෙනදා වගේ නොවේ. දන් දෙන්ට කරන උත්සාහයක් පේන්ට නෑ. මහා කලබොලේට එහාට මෙහාට යනවා. එතකොට තෙරුන්නාන්සේ මෙහෙම ඇහුවා.

"උපාසිකාවෙනි, අද මොකොද මේ තොපගේ නිවසේ මහා කලබොලයක්. වෙනත් වැඩක යෙදිලා වගෙයි."

"එහෙමයි... ස්වාමීනී. අද අපේ වප්මඟුල් දා නොවැ. ඒකට යි මේ හැමෝම මහන්සි වෙන්නේ. නමුත් ස්වාමීනී, අද අපට මේ වප් මඟුලට අමතරව දන් මංගල්ලෙකුත් කොරගන්ට පිනක් පෑදුනා කියලයි මට හිතෙන්නේ. ඒ නිසා මං මේ ඒ දෙක ම පිරිමසාගන්ටයි හදන්නේ" කියලා ඊට පස්සේ ගෙදර පොරෝජනේට හදා තිබුණු කැඳ, අවුලුපත්, කිරි, ගිතෙල්, පැණි පාත්තරවලට පිළිගැන්නුවා. හීලට කැඳ පිළිගත් මහතෙරුන්නාන්සේ පාත්‍රා රැගෙන ආපසු වඩින්ට සූදානම් වුණා. උපාසිකාව තෙරුන්නාන්සේට මෙහෙම කිව්වා.

"අනේ ස්වාමීනී... වඩින්ට එපා. ඕවා හීලට වළඳන්ට. අපි මේ දාවල මහා දානෙටත් සූදානම් වෙනවා." එතකොට තෙරුන්නාන්සේ සඟපිරිසත් සමග නැවතුනා. ස්වාමීන් වහන්සේලා පන්සිය නමක් නිවසේ වැඩ ඉන්නා බව ඇමැතියාට ආරංචි වුණා. වප්මඟුල් කටයුතු අනිත් අයට පවරා ඉක්මණින් ගෙදර ආවා. ස්වාමීන් වහන්සේලාට ආදරයෙන් වන්දනා කළා.

"අනේ පින්වත් උපාසක, අපි මෙහෙ අද වප්මඟුල් උස්සවයක් බව දන්නේ නෑ. යාන්තමින් වත් දැනගන්ට ලැබුණා නම් අපි වඩින්නේ නෑ. තොප ඊයේ අද දානයට පන්සිය නමක් වඩින්ට ඕනෑ ම කියා අසවල් මිනිසා අත ආරාධනාවක් එව්වා නොවැ. ඒකයි අපි වැඩියේ."

"අනේ ස්වාමීනී, ඔය මිනිහා මගෙන් ණය ගත්තු කෙනෙක්. වප් මඟුල කඩාකප්පල් කරන්ට හිතාගෙන වෙන්ට ඕනෑ මෙහෙම කරන්ට ඇත්තේ. ඒ මිනිහා මට අනතුරක් කරදරයක් පීඩාවක් කරලා සතුටු වෙන්ට ආසා ඇති. නමුත් ඒ මිනිහා මට මේ කොරලා තියෙන්නේ මහා උපකාරයක් ම යි! යහපතක් ම යි! උදව්වක් ම යි! තමුන්නාන්සේ වැනි සිල්වත් ගුණවත් උතුමෙකු දැක බලා වන්දනා කරගන්ටත් දන්පැන්වලින් උපස්ථාන කරන්ටත් අවස්ථාව ලැබුණේ ඒ නිසා නොවැ. අද සිට මං සලකන්නේ උන්දෑ මගේ මිත්‍රයෙක් කියලයි. මේ ලෝකය නම් පුදුමයි ස්වාමීනී" කියලා මේ කවි පෙළ කිව්වා.

(1). යාළුවෙසින් කෙනෙක් ඇවිත් -
ගොදුරට ම යි ගෙනියන්නේ
අකුසල්වල යොදවන්නේ -
මිතුරු වෙසින් ම යි ඉන්නේ

(2). නොයෙක් මිහිරි බස් කියමින් -
වැරදි කම්සුවේ යොදමින්
පව් රැස් කරනා බොහො අය -
මිතුරු වෙසින් ම යි ඉන්නේ

(3). සංසයාගෙ ඇද කියමින් -
බණ පදයෙත් ඇද සොයමින්
කල්ලි ගැහෙන්නට හදමින් -
මිතුරු වෙසින් ම යි ඉන්නේ

(4). තම තමන්ගෙ කණ්ඩායම් -
හදමින් අවුලක් ම කරන
අසත්පුරුෂ බාල අයත් -
මිතුරු වෙසින් ම යි ඉන්නේ

(5). උතුම් නිමල සදහම් මග -
තමනුත් දන්නව කියමින්
කලණ ඇසුර නසන අයත් -
මිතුරු වෙසින් ම යි ඉන්නේ

ඒ නිසා ස්වාමීනී, මේ තැනැත්තා මට සතුරුකොමක් කොරන්ට ගොහින් යහපතක් නොවැ මේ කොළේ. මං උන්දැව අද ම මට තිබුණු ණයින් නිදහස් කොරනවා. මං මේක මගේ යහපතට යොදාගත්තා. වෙන කෙනෙකුට නම් බොහෝ පව් රැස් වෙන්ට හේතුවක්. බලන්ට ස්වාමීනී, මගේ ශ්‍රද්ධාවන්තකම නිසාත් නුවණින් සිතීම නිසාත් තමයි මං බේරුණේ" කියලා තිස්ස අමාත්‍යයා සතුටින් දානයත් පූජා කරගත්තා. වප් මඟුලත් කරගත්තා. තමන්ට හානි පමුණුවන්ට සිතූ පුද්ගලයාට ප්‍රශංසාත් කළා.

බලන්ට දරුවනි, ඇමැතිතුමා බේරුණෙත්, බිරිඳ බේරුණෙත් තමන්ගේ නුවණ හොඳින් යොදවා ගන්ට දක්ෂ වූ නිසයි. ඒ නිසා අපට ශ්‍රද්ධාව වගේම නුවණත් ඕනෑ. අසත්පුරුෂයෙකුගේ ගැටයකට හසුවුණොත් තමුන්ට සංසයාගේ ඇසුරත් අහිමි වෙනවා. සත්පුරුෂ ගුණධර්ම දියුණු කරන්ට ඇති දුර්ලභ අවස්ථාවත් අහිමි වෙනවා. මේවා අපට හොඳ පාඩම් පුතේ...

15

එදා ආච්චි මාවත් නංගියාවත් ළඟට කැඳවා ගත්තා. "මයෙ දරුවනේ, ඔයාලා භාග්‍යවතුන් වහන්සේ ගැන නිතර නිතර සිතනවා නේද?"

"ඔව්.. ආච්චි... මං නම් අපේ බුදුරජාණන් වහන්සේ ගැන හිතනවා ම යි. ඇයි ආච්චිනේ අපට කියාදුන්නේ එහෙම හිතන්ට කියලා."

"හරි පුතේ... මටත් අද බුද්ධානුස්සති භාවනාව මෙනෙහි කරද්දී මතක් වුනේ 'හනේ අපගේ භාග්‍යවතුන් වහන්සේව සිහිකිරීමෙන් මොනතරම් ආරස්සාවක් ලැබෙනවා ද කියලයි. ඇයි අර දැරිවියක් මරන්ට ගොහින් දෙවිකෙනෙක් බේරාගත්තේ."

"අනේ ආච්චි... මොකක්ද ඒ කතාව?"

"ඇයි දරුවෝ... මං ඔයාලාට ඒ කතාව කියාදුන්නේ නැද්ද?"

"අනේ ආච්චි කියා දෙන්ටකෝ ඒ කතාව."

"හොඳයි පුතේ... ඕං එහෙනම් අහගන්ට හොඳේ. ඕන්න අපේ භාග්‍යවත් බුදුරජාණන් වහන්සේගේ කාලේ සැවැත්නුවර 'සුමන කියලා සිටාණ කෙනෙක් උන්නා.

ඒ සිටාණන්ට 'සුජම්පතිකා' කියලා සිටු බිරිඳකුත් හිටියා. මේ දෙන්නාට පුතෙකු යි දුවෙකු යි හිටියා.

ඉතිං පුතේ අපි කවුරුත් මැරී යනවා නොවැ. අන්න ඒ වගේ මේ සිටුජෝඩුවත් හදිසියේ රෝගාතුරව මැරෙන්ට ළං වුනා. ලොකු පුතා කැඳවා මෙහෙම කිව්වා. 'අනේ පුතේ, මඟුල්තුලා කරලා හිටං ඔයාලව පිළිවෙළක් කොරන්ට අපට බැරිවුනා. ඒ නිසා පුතේ මේ සම්පත් ඔක්කෝමත්, ඒ වගේම නංගියාවත් උඹට භාරයි. මේ දූටත් අනාගතේ පිළිවෙළක් කර දීපං' කියලා අවවාද කොට මරණෙට පත් වුනා.

මාපියන්ගේ අවසන් කටයුතු කළ පුත්‍රයා තමන්ගේ නංගිවත් පරෙස්සම් කරගෙන ජීවත් වුනා. ඊට පස්සේ සුදුසු පවුලකින් සොයා බලා නංගියාව කසාද බන්දලා දුන්නා. තමනුත් කසාදයක් කරගත්තා.

ටික කලක් ගියා පුතේ. පිට පළාතකට ගිය නංගීට අයියාව බලන්ට යන්ට ආසා හිතුනා. තමුන්නේ සැමියාට ඒ වග කියලා කැවිලි පෙවිලි හදාගෙන සැවැත් නුවර ආවා. මේ වෙද්දී ඒ දැරිවිගේ දරුගැබට පස්මාසයක් විතර වෙලා තිබුණා. ඉතින් මේ දෙන්නා සැවැත්නුවර එද්දී හරි අපූරු දෙයක් වුනා නොවැ.

එදා අපගේ භාග්‍යවතුන් වහන්සේ සැවැත්නුවර පිඬුසිඟා වැඩියා. බලන්ට ලස්සනේ බෑ පුතේ බුදුරැස් විහිදුවාගෙන එදා වැඩියේ. රන් පිළිමයක් වඩිනවා වගේ භාග්‍යවතුන් වහන්සේ වඩින දර්ශනේ දැක්ක ගමන් මේ දෙන්නා වශී වුනා. භාග්‍යවතුන් වහන්සේට වන්දනා කළා. එදා මේ දෙන්නා තෙරුවන් සරණ ගොහින් සිල්

සමාදන් වුනා. භාග්‍යවතුන් වහන්සේ මෙහෙම වදාළා. "දරුවනේ.. ඔයාලාට බැරිවෙලාවත් දුකක්, කරදරයක්, විපැත්තියක්, වින්නැහියක් වුනෝතින් ඒ වෙලාවට මා ගැන සිහිකරන්ට" කියා අවවාදයකුත් කොට වදාළා.

පුතේ බලන්ට. අපේ භාග්‍යවතුන් වහන්සේ වදාළේ මොනතරම් හැබෑවක් ද! දැන් වුනත් අපේ රටේ මේ වෙන්නේ හිතපු දේවල් ද? ගංවතුර එන්නේ සුනාමි වගේ. වගා කොරපු ගොයම් නියඟෙට අහුවෙනවා. මෙහෙ ගංවතුර. එහෙ නියං. එහෙන් රෝග. යුද්ධ එන්ටත් බැරි නෑ. ඉතිං දැන් වුනත් තියෙන්නේ භාග්‍යවතුන් වහන්සේව සිහිකිරීම තමා.

ඉතිං පුතේ, මේ දරුවෝ දෙන්නා ඕං තමන්නේ මහසිටු ගෙදරට ආවා. මේ බඩදරු අම්මා ගෙදර නවතා තමන් ඉක්මනින් වැඩකටයුතුවලට යන්ට ඕනෑ කියලා සැමියා පිටත් වුනා. සහෝදරයාත් තමුන්නේ බිරිඳට මෙහෙම කිව්වා. "හාමිනේ... අපේ මේ නඟා කාලෙකින් නොවැ ආවේ. ඒ නිසා නඟාට හොඳට සලකන්ට ඕනෑ" කියලා. ඉතින් ඒ ගෑණු කෙනාත් ආදරයෙන් සැලකුවා. මාසයක් හමාරක් යද්දී ඒ ගෑණු කෙනාගේ හිත වෙනස් වෙන්ට පටන් ගත්තා.

"හප්පේ... මෙයා පැළඳ ඉන්න මාලයේ ලස්සන. මෙවැනි මුතු කරාබු, මේ වගේ මැණික් ඔබ්බා තියෙන වළලු, මිණිමෙවුල්, පා සළඹ මට නෑ නොවැ. ම්... මේකිගේ ආභරණ මට ඕනෑය කීවොත් වස ලැජ්ජාව නොවැ. එහෙම නොවෙයි, දොළදුකක් හැටියට කියලා මේකිව මරවා ගත්තොත් ආභරණ ටික මට ගතහැකි" කියා හිතුවා.

ටික දවසක් යද්දි ගෑණි ලෙඩ ගාණට ඉන්නා බව පෙන්නුවා. ඇඳට වැටුණා. දැන් ඈට මොකවත් කන්ට බොන්ටත් බෑ. එතකොට සැමියා ගිහින් ඇඳ ළඟින් වාඩිවුනා. ඇගේ හිස අතගාමින් අසන්ට පටන් ගත්තා. "ඇයි සොඳුරී, ඔයාට මක් වුනාද? හොඳටෝම සුදුමැලි වෙලා. කෑමකුත් බීමකුත් නෑ.

එතකොට ඈ කඳුළු වගුරුවාගෙන වචන ගිල ගිල හිටියා. කටින් වචනයක් පිට කළේ නෑ.

"ඇයි අනේ තතන තතනා ඉන්නේ? කියන්ට දෙයියනේ... මං ඔයා වෙනුවෙන් නොකරන දෙයක් තියෙනවාද?"

"ම්... එහෙම... බෑ... මට කියන්ට බෑ මයෙ දෙයියෝ..." කියා ඉකිගසා හඬන්ට පටන් ගත්තා. සැමියා තවත් භය වුනා.

"අනේ සොඳුර... මේ... මොනාද ඔයාට මේ වෙලා තියෙන්නේ? ඔයාට තමන්ගේ සැමියාව අවිශ්වාස ද? ඇයි... මට නොකියන දෙයක් තියේ ද?"

"ම්... මගේ කුසේ දරුවෙක් පිළිසිඳගෙන ඉන්නවා. අනේ..." කියා ආයෙමත් හඬන්න ගත්තා. "කෝ... ඉතිං... මේ අහන්ට... ඉතිං ඒක හොඳ දෙයක්නේ. ඉතිං ඒක සතුටු වෙන්ට කරුණක් මිස හඬා වැලපෙන්ට කරුණක් ද?"

"නෑ... මෙයා... මං ඒකට නොවෙයි මේ හඬන්නේ..." කියලා ආයෙමත් හඬන්ට පටන් ගත්තා.

"හරි... මොකක්ද වදේ මේ... මං ඔයා වෙනුවෙන් පණ වුනත් දෙන්නම්. කෝ.. ඉතින්... මට කියන්ට"

"අනේ... එහෙනම්... අපි දෙන්නා විතරයි... මේක... මේක... දැනගන්ට ඕනෑ."

"එතකොට සැමියා බිරිඳට ළං වුනා. බිරිඳ රහසේ මුමුණා කීවා. "අනේ... මෙයා... මේ ඉල්ලීම මං කොහොමද දෙයියනේ ඉල්ලන්නේ.... හැබැයි මෙයා, මට මේ කියන දේ නැති වුනොත් මං මැරිලා යාවි. ඔයාට දරුපැටියා විතරක් නොවේ මාවත් නැති වේවි."

"ඇයි අනේ ඔයා මට මෙහෙම දුක් දෙන්නේ. මං ඔයාට කීව නේ. ඔයා වෙනුවෙන් මට කරන්ට බැරි දෙයක් නෑ. දෙන්ට බැරි දෙයක් නෑ කියලා."

"ඔය ඇත්ත ම ද ඔයා මට කියන්නේ?"

"මේක හරි පුදුම කතාවක් නේ. ඇයි සොඳුරී ඔයා මා එක්ක මෙහෙම සැකෙන් කතා කරන්නේ. සත්තක් ම යි දෙයියනේ මං මේ කියන්නේ. සත්තක් ම යි."

"එහෙනම් මගේ අතට අත ගසා දිවුරන්ට මාව අසරණ වෙලා මැරිලා යන්ට දෙන්නේ නෑ කියලා."

එතකොට පුතේ මේ ස්ත්‍රී මායමට සැමියා අහුවුනා. අතට අත තියා දිවුරා හිටියා. එතකොට ඈ කෙඳිරි ගගා මෙහෙම කිව්වා.

"ම්හ්... හනේ මන්දා... මට වගේ දොළදුකක් ලෝකේ කාටවත් ඇතිවෙන්ට එපා කියලයි මං කියන්නේ."

"හරි සොඳුරී... ඒ උනාට ඒ දොළ දුක ඔයාට ඇතිවුනානේ. ඉතිං කියන්ට... මං කොහෝමහරි ඒ දොළදුක ඉෂ්ට කරන්නම්."

"ඕ... හ්... හනේ... මෙයා මට ම පුදුමයි. ඇයි මට මෙහෙම හිතුනේ කියලා. අනේ... මේකයි මට ඇති වූ දොළදුක. මට මස් ව්‍යංජනයක් එක්ක බත් කන්ට ඕනෑ."

"අනේ... කෙල්ලේ... මේක ද ඔයා හඬා වැලපි වැලපී කිව්වේ. සුළු දෙයක්නේ. මං හෙට ම ඔයාට දඩමස් හදලා ඇල්හැලේ බත් දෙන්නම්."

"නෑ... අනේ... මට ඕනෑ ඒ මස් නොවේ...?"

"හා... එහෙනම් කියන්ට... මොන මස් ද ඕනෑ. හඳේ හාවාගේ මස් ද?"

"අනේ නෑ අනේ... මට ඕනෑ... ඔයාගේ නංගිගේ හදවතයි, කැවුතුමසුයි උයාපු මස් ව්‍යංජනේත් එක්ක බත් කන්ටයි."

එතකොට පුතේ ඒ සැමියට නිකම්ම හිටගැනුනා. ආයෙමත් වාඩිවුනා. ගොළුවෙක් වගේ නිශ්ශබ්දව උන්නා. එතකොට ඒ නපුරු ගෑණි ආයෙමත් හඬන්ට පටන් ගත්තා.

"ඉහි... ඉහි... ඒකනේ මං කීවේ.... කමක් නෑ මෙයා... ඔයාලා හොඳින් ඉන්ට. මං මැරිලා යන්නම්... හැබැයි තමුන්නේ ආදර බිරිඳගේ දොළදුක ඉෂ්ට නොකළ ශාපය ඔයාට බලපාවි.... මට කරන්ට දෙයක් නෑ. මං මැරිලා යනවා" කියලා ඈ ඇඳේ වැතිරී අමාරුවෙන් හුස්ම ගන්ට වුනා.

එතකොට පුතේ ඒ මිනිහා හොඳටෝම අසරණ වුනා. ඒ වැඩේ නං කරන්ට බෑ ම යි කියලා කිව්වා. නමුත් ඒ ගෑණි කියන්නේ නඟාගේ මස් නොලැබුනොත්

මැරෙනවා ම කියලයි. මේ ගෑණි දිගින් දිගට ම කියද්දි මිනිහා ටිකෙන් ටික වෙනස් වෙලා ගියා.

මේ බන්ධනයන්ගේ භයානකකම බලන්ට පුතේ. ආදරයෙන් අන්ධ වූ මේ අසත්පුරුෂයා තමුන්නේ බිරිඳ සතුටු කරන්ට තමුන්නේ එක ම නඟාව මරන්ට තීරණය කළා. මේ නඟාගේ කුසේ පිළිසිඳගෙන ඉන්නේ ඒ ආත්මේ ම රහතන් වහන්සේ නමක් වෙන්ට පින් තියෙන උත්තමයෙක් කියා අයියා දන්නේ නෑ. නංගියාට මෙහෙම කීවා.

"අනේ නගෝ මේ අහපන්. අපේ දෙමාපියන්ගෙන් ණය මුදලක් ගත්තු පිරිසක් ඉන්නවා. එයාලා මං ගියොත් විතරක් දෙන්නේ නෑ. ඒ නිසා අපි දෙන්නා ම යං."

"අනේ අයියණ්ඩි, මං කොහොමෙයි යන්නේ මේ බඩකුත් උස්සාගෙන?"

"ආ... ඒකට මක් වෙනවද නඟා. මං ඉන්නවා නොවැ" කියලා පුතේ, බඩදරු නංගියාව කරත්තයක තියාගෙන ගෑණු මායමට හසු වූ මේ අසත්පුරුෂ සහෝදරයා කැලෑ පාරක් මැදින් කරත්තේ පදවාගෙන ගියා. වනාන්තරේ මැදදී කරත්තේ පාරෙන් අයින් කරවාගෙන කැලේට දැක්කුවා. නංගියාව කරත්තෙන් බිමට ඇදලා ගත්තා. කෙස් වැටියෙන් අල්ලා ඇද හිස බිමට නැමුවා.

එතකොට පුතේ, ඒ දැරිවිට දරුවා බිහිවෙන ලකුණු පහල වුණා. හඬ හඬා වැඳ වැඳ කිව්වා. "හනේ මයෙ බුදු අයියණ්ඩි... මට දරුවා ලැබෙන්ට යන්නේ. එතකං මට නිවී හැනහිල්ලේ මොහොතකට ඉන්ට දෙන්ට. අනේ... මාව මරන්ට එපා!" කියලා.

ඒ පව්කාරයා ඇගේ කෙහෙවල්ල අත්හැරියේ නෑ නොවැ. බලන්ට පුතේ නපුරුකොම. හනේ හපොයි සහෝදරකම් නැතිවෙච්චි හැටි. ඒ දැරිවි මොරගාමින් හඬද්දී ම කොලු පැංචෙක් හම්බ වුනා.

එතන ම නුග ගහක් තිබුනා. අර අයියා සිඟිත්තා තුරුලු කරගෙන ඉන්න මේ අම්මාව එතනට ඇදගෙන ගියා. ඈ හඬ හඬා මෙහෙම කිව්වා.

"අනේ මයෙ බුදු අයියණ්ඩි... මට අම්මාටත් තාත්තාටත් ඔයා විතරයි හිටියේ. මේ ඉන්නේ ඔයාගේ බෑණා වන සිඟිත්තෙක්. අනේ නෙළුම් මලක් වගේ ඉන්න මේ දරුවා දිහා බලා මා නොමරා බේරන්ට කියා වැඳ වැඳ උන්නා. ඒත් මේ පව්ටා හදන්නේ පුතේ, තමුන්නේ නඟාව මරන්ට ම යි. අන්තිමේ ඈ මෙහෙම හිතුවා. 'හනේ මං හඬන එකේ තේරුමක් නෑ. මේ ශබ්දේ අසා කවුරුහරි ඇවිත් අයියණ්ඩිට කරදරයක් කළොත් මට සහෝදරයෙක් කොයින් ද? මං මෙත් සිත ම පතුරනවා' කියා සිතනකොට එදා භාග්‍යවතුන් වහන්සේ "දරුවෙනි, කරදරයක් වුනොත් මාව සිහි කරන්ට" කියා වදාළ කරුණ මතක් වුනා. භාග්‍යවතුන් වහන්සේට ජීවිතය පුදා ඒ අසරණ තරුණ අම්මා දරු පැටියත් තුරුළට ගෙන බිම වැතිරුනා.

එදා පුතේ, ඒ දැරිවි වැටී උන්නේ නුග රුකක් සෙවනේ. ඔය නුග රුකේ උන්නු දෙවියා මේ විපත්තිය බලාන උන්නේ. භාග්‍යවතුන් වහන්සේව සිහි කරගෙන, තමාව මරන්ට මාන බලන තමුන්නේ සහෝදරයාට මෙත් සිත පතුරුවාගෙන බිම වැටී සිටින අසරණ ගැහැණිය දැකලා මෙහෙම හිතුවා.

"හපොයි... හපොයි... මා වැනි දෙවියෙක් මෙතැන

ඉන්නැද්දි මේ වගේ තුනුරුවන්ට දිවි පුදා මෙත් සිතින් ඉන්න ගුණසම්පන්න ඉස්තිරියාවක් රැක නොගත්තොත්, දේව සභාවෙන් මටත් අච්චු කරාවි" කියලා ඒ දැරියගේ සැමියාගේ වේශයෙන් කෑ ගසාගෙන ඇවිත් අර සහෝදරයාව භය කොට පළවා හැරියා.

"සොඳුරී, ඔයා භය ගන්ට කාරි නෑ. මං ඉන්නවා නොවැ" කියා සිඟිත්තාවත් අරගෙන තමන් ආ කරත්තේ ඇයවත් නංවාගෙන සැවැත්නුවර ඇවිදින් මං එනකල් ඉන්ට කියා ශාලාවක නවත්වා ගියා.

එදා ඒ දැරිවිගේ ස්වාමිපුරුෂයාටත් හදිසියේ ම කිසියම් කටයුත්තකට සැවැත්නුවරට එන්ට සිද්ධ වුනා. ඇවිදින් නගරයට ආ විට ශාලාවක දරු සිඟිත්තාත් එක්ක ඉන්න බිරිඳ දකින්ට ලැබුණා.

"හෑ... සොඳුරී... මොකොද මේ... දරු සිඟිත්තාත් තුරුළු කරගෙන අයියාගේ ගෙදර නොසිට මේ කොහිද මේ ඔයා ඉන්නේ?"

"ඇයි අනේ... පුදුම කතාවක් නේ ඔයා කියන්නේ. අද වෙච්චි දේවල් දන්නෑ වගේ මොනාද ඔයා මේ කියන්නේ? ඔයා ම නේ මාව බිහිසුණු මරණයෙන් බේරාගෙන කරත්තේ නංවාගෙන ඇවිත් මෙහෙට බස්සලා ගියේ.

"ම්... ඒ මොකක්ද ඒ කතාවේ තේරුම? මං මේ දැනුයි නගරෙට ආවේ.... මට මේ අගක් මුලක් නැති කතාව තේරෙන්නේ නැ... බොරු කියන්ට එපා. ඔයාගේ ම සහෝදරයාගේ ගෙදර ඔයාව මං නවතා ගියේ... ඇත්තට ම මොකද වුනේ?"

එතකොට පුතේ, ඈටත් තේරුණා මොකාක්හරි විශේෂ දෙයක් සිද්ධ වෙලා තියෙන වග. ඈ තමුන්නේ එක කුස උපන් සහෝදරයා, තමුන්නේ මව්ට පියාට හිටිය සහෝදරයා වෙනස් වෙලා තමාව මරන්ට වළි කෑ හැටි කීවා. 'ඒ වෙලාවේ ඔයා ඇවිත් නොවේද මාව බේරාගෙන මෙතෙන්ට ගෙනාවේ?' කියලා ඇහැව්වා.

එතකොට මේ කතාව ඇසූ ඒ මනුස්සයා වතුරේ ගිලී උඩට ආපු කෙනෙක් වගේ හොඳටෝම භය වුනා. 'හප්පේ හරි පුදුමයි නොවැ මේ උන දේ" කියලා බිරිඳයි දරුවයි එක්කරගෙන තමුන්නේ ගෙදර ගියා. ටික දවසකින් ඒ දෙන්නා භාග්‍යවතුන් වහන්සේව තම නිවසට වඩමවාගෙන දන්පැන් පූජා කරගත්තා. පුතේ, එදා ඒ දැරිවි තමන් භාග්‍යවතුන් වහන්සේ සරණ ගිය අනුහසින් මරණින් බේරුන අසිරිමත් ආකාරය කියා සිටියා. එතකොට භාග්‍යවතුන් වහන්සේ එදා දෙවියෙක් මේ අම්මාට පිහිට වූ හැටි කියා දුන්නා. ඊට හේතුව වුනේ සරණ ශීලයේ පිහිටා සිටීම බවත් කියා දුන්නා. ඉතින් ඒ දෙන්නා දරු සිඟිත්තා ලවා භාග්‍යවතුන් වහන්සේගේ පාකමල් වන්දවා තම සිඟිත්තාට 'සරණ කුමාරයා' කියා නම් තැබුවා. එදා පුතේ, අපේ භාග්‍යවතුන් වහන්සේගේ ධර්ම දේශනාවට සවන් දුන් ඒ දෙන්නා ම සෝවාන් ඵලයට පත්වුණා.

ඊට පස්සේ පුතේ සරණ කුමාරයා විසිවැනි වියේ තරුණයෙක්ව සිටිද්දී බුද්ධ ශාසනයේ පැවිදි වුනා. නිකෙලෙස් රහතන් වහන්සේ නමක් බවට පත්වෙලා 'සරණ මහා තෙරණුවෝ' කියා ප්‍රසිද්ධ වුනා.

බලන්ට පුතේ, එදා ඒ බැරෑරුම් අවස්ථාවේ භාග්‍යවතුන් වහන්සේව සිහි කරගෙන, මෙත් සිතින් සිටිය හේතුවෙන් ඒ සිටු දියණිය මරණයෙන් බේරුන හැටි. මේ නිසා පුතේ, අපිත් ඕනෑම බැරෑරුම් අවස්ථාවකදී භාග්‍යවතුන් වහන්සේව සිහි කරගෙන තරහා සිත බැහැර කොට මෙත් සිතින් ම වාසය කරන්ට ඕනෑ. ඒක ම යි ආරස්සාව!

(සද්ධර්මාලංකාරය ඇසුරෙනි)

මහාමේඝ ප්‍රකාශන

පූජ්‍ය කිරිබත්ගොඩ ඥාණානන්ද ස්වාමීන් වහන්සේ විසින් රචිත
සියලුම සදහම් ග්‍රන්ථ සහ ධර්ම දේශනා ලබාගැනීමට

ත්‍රිපිටක සදහම් පොත් මැදුර

අංක 70/A/7/OB, YMBA ගොඩනැගිල්ල, බොරැල්ල, කොළඹ 08
දුර : 077 47 47 161 / 011 425 59 87
ඊ-මේල් : thripitakasadahambooks@gmail.com

www.ingramcontent.com/pod-product-compliance
Lightning Source LLC
Chambersburg PA
CBHW060512030426
42337CB00015B/1859
* 9 7 8 9 5 5 6 8 7 1 7 4 6 *